SPRACHSTEINE

Sprachbuch
3

Erarbeitet von
Cordula Atzhorn, Bamberg
Sabine Graser, Krummennaab
Franziska Mroß, Peißenberg

Unter der Beratung von
Dr. Almut Drummer, Markt Bibart

Inhalt

Guter Start in Klasse 3 4

In der Schule 10
Schlau geübt 18

Lebensraum Wald 20
Schlau geübt 28

Märchen 30
Schlau geübt 38

Von Kopf bis Fuß 40
Schlau geübt 48

Leben mit Medien 50
Schlau geübt 58

Wo wir wohnen 60
Schlau geübt 68

Technik um uns herum 70
Schlau geübt 78

Lesen, lesen, lesen 80
Schlau geübt 88

Durch das Jahr 90

Fit für Klasse 4 106

 **So geht es leichter**

Sprechen und Zuhören

So hören wir einander zu	108
So sprechen wir miteinander	109
So spreche ich vor anderen	110
So lernen wir gemeinsam	111
So schätze ich mein Lernen ein	112

Richtig schreiben

So schreibe ich Texte ab	113
So übe ich mit dem Wörterkasten	114
So kann ich Wörter üben	115
So schlage ich Wörter nach	116
So überprüfe ich meinen Text	117

Schreiben

So plane ich einen Text	118
So erschließe ich mir einen Sachtext	119
So schreibe ich einen informierenden Text	120
So schreibe ich einen erzählenden Text	121
So schreibe ich einen argumentierenden Text	122
So arbeiten wir in der Schreibkonferenz	123
So schreiben wir über den Rand	124
So schreibe ich einen Text am Computer	125

Freie Fahrt für Sprachforscher 126

Wörterliste 132

Wo lerne ich was? 140

Kompetenzübersicht nach Lehrplan 142

Guter Start in Klasse 3

Sprechen und Zuhören

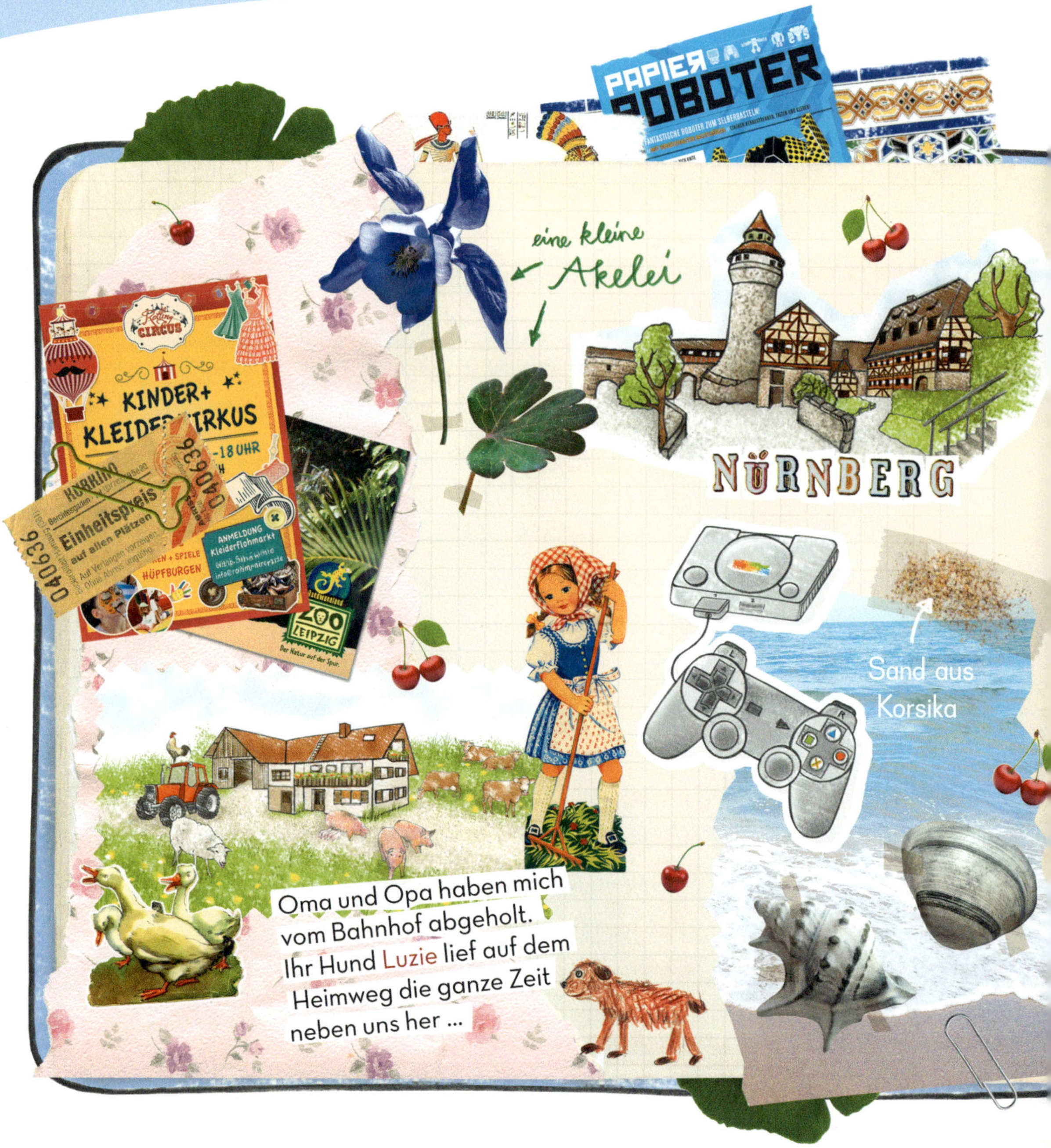

> Oma und Opa haben mich vom Bahnhof abgeholt. Ihr Hund Luzie lief auf dem Heimweg die ganze Zeit neben uns her …

 Seite 108

1. Schau dir das Ferienalbum an. Erzähle dazu.
2. Gestalte ein Erinnerungsstück zu deinen Ferien.
3. Tausche dich mit einem Partner über eure Erinnerungsstücke aus.
4. Teile der Klasse mit, was dein Partner in den Ferien erlebt hat.
5. Sprecht über eure Berichte.
   - Was hat es dir leicht gemacht, von den Erlebnissen zu erzählen?
   - Was war schwierig?
6. Legt eine Erzählkiste mit Erinnerungsstücken an. Erzählt dazu in freien Zeiten.

– SCH wenden in Zuhör- und Gesprächssituationen ihre Aufmerksamkeit auf das Gesagte
– SCH bauen ihre Beiträge wirkungsvoll, nachvollziehbar und logisch auf

Texte zu Bildern schreiben

Schreiben

Dort haben wir auch ganz viele verschiedene Vögel beobachtet.

meine allererste Flugzeugreise

① Wähle ein Erinnerungsstück aus dem Ferienalbum aus.
Stell dir vor, du hast deine Ferien dort verbracht.

② Male, was in diesem Urlaub Besonderes passiert sein könnte.

③ Erzähle zu deinem Bild.

④ Schreibe zu deinem Bild.

⑤ Lies den Text eines Partners und gib ihm Rückmeldung.
- Was war interessant für dich?
- Was hast du nicht verstanden?
- Ist etwas Besonderes oder Unerwartetes passiert?
- Gab es ein lustiges oder trauriges Ereignis?

 Seite 121

— SCH bauen ihre eigenen erzählenden Texte sinnvoll auf und stellen ein erzählenswertes Ereignis ins Zentrum

Sprache unter- suchen

Nomen erkennen

① Schau dir die Erinnerungsstücke genau an.
Versuche, dir so viele wie möglich zu merken.

② Schließe dein Buch.
Schreibe möglichst viele Dinge aus dem Koffer auf.

③ Alle Wörter haben etwas gemeinsam. Begründe.

④ Bei einigen Wörtern gibt es eine Besonderheit. Erkläre.

⑤ Schreibe die Wörter mit Artikel und in der Mehrzahl auf:
die Muschel — die Muscheln

 Seite 112

 Seite 4

⑥ Welche Wörter sind Nomen? Begründe. Schreibe sie mit Artikel auf.

⑦ Schreibe Rätsel zu einigen Nomen.
Lass deinen Partner raten, welches Wort du meinst.

— SCH wenden Strategien zum Erkennen von Nomen an

Verben erkennen

Sprache untersuchen

Liebe Kathi,
ich dir viele Grüße aus Huglfing! Morgen das neue Schuljahr. Ich schon sehr gespannt auf die neuen Kinder in unserer Klasse. Hoffentlich eines von ihnen genauso gerne wie ich. Ich mich schon, wenn wir uns bald mal wieder. Bitte deinen Eltern auch ganz viele Grüße!
Deine Leni

① Lies die Postkarte. Hier stimmt etwas nicht. Beschreibe.

② Schreibe den Text vollständig auf.

③ Vergleicht eure Ergebnisse. Was fällt euch auf?

④ Unterstreiche die Verben.

⑤ Warum sind eure Texte besser zu verstehen als die Postkarte? Erkläre.

AH Seite 5

⚀ Ich	⚀ verstecken	⚀ die Hausschuhe.
⚁ Du	⚁ fangen	⚁ eine Heuschrecke.
⚂ Er/Sie/Es	⚂ kaufen	⚂ neue Sticker.
⚃ Wir	⚃ sehen	⚃ einen Drachen.
⚄ Ihr	⚄ bauen	⚄ mein Modellflugzeug.
⚅ Sie	⚅ lesen	⚅ eine Karte.

Du fängst die Hausschuhe.

⑥ Schau dir die Bilder an. Erkläre das Spiel deinem Partner.

⑦ Schreibt eure gewürfelten Unsinnssätze auf.

– SCH wenden Strategien zum Erkennen von Verben an

Das Alphabet üben

Richtig schreiben

| Vitale | Albrecht | Kutzner | Mayer | Simsek |
| Popp | Blank | Graf | Eckert | Rekutschev |

① Wie findest du diese Familiennamen möglichst schnell in einer Klassenliste? Erkläre.

② Ordne die Familiennamen nach dem Alphabet.

 Seite 116

| Mayr | Meier | Maier |

③ Worauf musst du achten, wenn du diese Namen suchst? Erkläre.

④ Ordne die Familiennamen nach dem Alphabet.

 Seite 6

Klassenliste der Klasse 3c

1. **Bartl** Simone
2. **Drexler** Rafael
3. **Edmondson** Jan
4. **Engel** Magdalena
5. **Guggemos** Anton
6. **Pumnea** Christoph
7. **Westbomke** Cecile

Bauer Maximilian
Tarantino Matteo
Zimmermann Sofia
Morawetz Justin
Bakko Sabiha

⑤ Neue Kinder sind in die Klasse gekommen. Ergänze die Namen. Schreibe die Klassenliste vollständig auf.

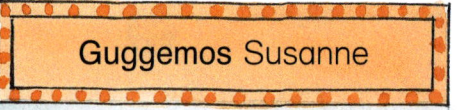

Guggemos Susanne

Engelmann Simon

⑥ Wohin gehören diese beiden Namen in der Klassenliste? Begründe.

— SCH ordnen Wörter nach dem Alphabet

Wörter richtig schreiben

Sommerferien

Nach den Somerferien beginnt wieder die Schule.
Alle schüler treffen sich im Klassenzimmer.
Die neue Lererin fragt: „Na, wie waren die Ferien?"
Da meldet sich ein Kint: „Sehr schön! Aber leider
zu kurz, um darüber eine Gschichte zu schreiben!"

Richtig schreiben

① In jeder Zeile ist ein Fehler. Finde die falsch geschriebenen Wörter.

② Was hilft dir dabei, diese Wörter richtig zu schreiben? Erkläre.

 Seite 117

Bur■

■lume

Mi■er

M■se

① Artikel vor das Wort setzen

② verwandtes Wort suchen

③ besondere Stelle merken

④ Wort in Silben sprechen

⑤ Wort verlängern

③ Erkläre die Schreibung der Wörter.
Ordne zu: Bur■ → ⑤ Wort verlängern: die Burgen → die Burg

④ Schreibe weitere Beispiele auf.
⑤ Wort verlängern: die Kin_d_er → das Kin_d_, die Käfige → der Käfig

 Seite 7

⑤ Schlage diese Wörter in der Wörterliste nach.
Schreibe sie auf.

 Seite 116

— SCH schreiben gängige Schreibungen routiniert richtig

In der Schule

Sprechen und Zuhören

 Seite 108

① Schau dir die Bilder an. Vergleiche.

② Wie muss es für dich in der Schule aussehen, damit du gut lernen kannst und dich wohlfühlst? Tausche dich mit einem Partner aus.

 Seite 111

③ Überlegt gemeinsam in der Gruppe:
- So kann ich gut mit anderen lernen.
- So kann ich gut alleine arbeiten.
- So kann ich gut mit meiner Lehrerin lernen.

Ich kann gut mit anderen lernen, wenn …

Ich fühle mich wohl, wenn …

Für mich ist es wichtig, dass …

④ Stellt eure Ergebnisse vor.

⑤ Was ist euch für eure Klasse besonders wichtig? Schreibt auf.

– SCH gestalten kommunikative Standardsituationen
– SCH halten sich an gemeinsam gestellte Gesprächsregeln
– SCH beschreiben und bewerten Ursachen und Wirkungen von gelingender Verständigung

Texte mit einem Cluster planen und schreiben

Schreiben

① Schau dir die Bilder an. Erzähle.

② Wo ist dein Lieblingsplatz in der Schule? Fotografiere oder male ihn.

③ Erkläre, wieso dieser Platz dir wichtig ist.

Ich bin gern auf dem Sportplatz. Dort spiele ich …

Am liebsten bin ich in der Kuschelecke, weil …

④ Schau dir das Cluster an.
- Was gefällt dir gut?
- Was fehlt dir?

⑤ Lege ein eigenes Cluster zu deinem Lieblingsplatz an.

⑥ Schreibe einen Text zu deinem Cluster.

Aha Seite 118

AH Seite 8, 66

Aha Seite 121

— SCH nutzen vor dem Schreiben Methoden zur Sammlung und Ordnung von Wortmaterial, Informationen und Schreibideen (Cluster)

11

Einen Text überarbeiten

Schreiben

Heute siegen wir gegen die 3c.
Ich habe das ganze Wochenende
mit meiner Mama geübt.
Ich werde es allen, vor allem Kim, zeigen.
Ich bin der beste Torwart der Schule.
Die stürmen los. Mist, Ösal verliert
den Ball an Selina! Die stürmt auf mich
zu. Die steht im Abseits. Doch sie schießt.
Ich habe danebengegriffen. Es steht 0:1.

Am Wochenende habe ich
mit Mama Fußball geübt.
Ich will am Montag
in der Pause zeigen.
Ich bin der beste Torwart
der 3c. Der Ball kommt.
Ich denke Abseits.
Da ist er schon drin.
Der Treffer zählt. 0:1.

① Lies die Texte.

② Wähle einen Text aus.
- Was möchtest du beibehalten?
- Was möchtest du ändern?

③ Vergleiche mit einem Partner, der den gleichen Text gewählt hat.

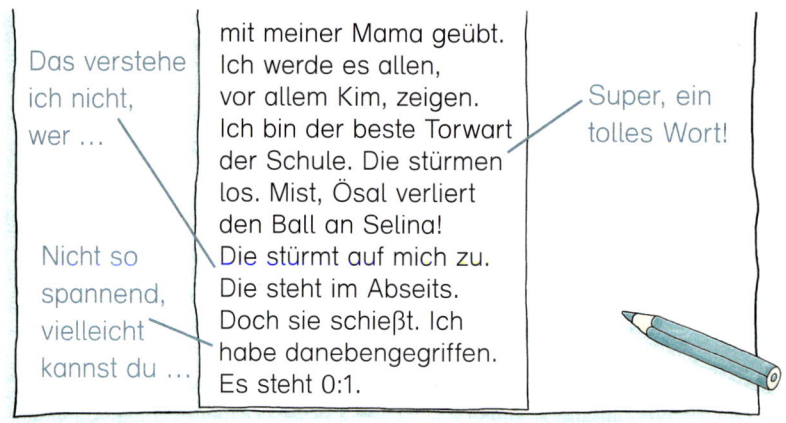

Das verstehe ich nicht, wer …

Nicht so spannend, vielleicht kannst du …

mit meiner Mama geübt. Ich werde es allen, vor allem Kim, zeigen. Ich bin der beste Torwart der Schule. Die stürmen los. Mist, Ösal verliert den Ball an Selina! Die stürmt auf mich zu. Die steht im Abseits. Doch sie schießt. Ich habe danebengegriffen. Es steht 0:1.

Super, ein tolles Wort!

Seite 124

④ Überarbeite den von dir ausgewählten Text. Schreibe deine Tipps auf.

⑤ Besprecht eure Anmerkungen.
- Was gefällt dir?
- Ist ein besonderes Ereignis erkennbar?
- Was kann noch geändert werden?

⑥ Lass deinen eigenen Text von einem Partner überarbeiten.

– SCH bauen ihre eigenen erzählenden Texte sinnvoll auf und stellen ein erzählenswertes Ereignis ins Zentrum
– SCH geben Anregungen und Hilfestellungen für Texte, heben dabei Stärken und gelungene Elemente hervor

Informierende Texte schreiben: Fachbegriffe erklären

Schreiben

Rico lebt mit seiner Mutter in Berlin.
Er geht ins Förderzentrum zu Herrn Wehmeyer
in die Klasse. Zunächst freut sich Rico nicht
auf die Ferien, aber dann erlebt er so einiges:
So trifft er Oskar, einen hochbegabten Jungen,
der sein Freund wird, aber auf einmal
verschwunden ist. Rico gelingt es, seine Ängste
zu überwinden und so Oskar zu befreien.
Rico kann sich schwierige Wörter schlecht merken.
Daher schlägt er sie nach und schreibt sie auf.

(1) Lies den Text über Rico. Erzähle.

Quadratisch:
Haargenau viereckig. Wenn ein
Kästchen nicht haargenau viereckig
ist, nennt man es nicht quadratisch,
sondern rechteckig. Linkseckig gibt es
nicht. Wenn es keine Ecken hat,
ist es kein Kästchen mehr,
sondern ein Kreis. Wenn ein Kreis
gekippt wird, heißt er auch irgendwie,
aber wenn ich noch weiter darüber
nachdenke, kippe ich selber um.

Display:
Ein Leuchtdings, das alle
möglichen Sachen anzeigt, zum
Beispiel Telefonnummern oder
den Preis an der Kasse im
Supermarkt oder den Filmtitel
im DVD-Spieler. Er ist komisches
englisches Wort und ich weiß echt
nicht, warum alle es benutzen.
Man könnte schließlich genauso gut
Leuchtdings sagen.

(2) Lies Ricos Einträge.
Schreibe deine Erklärung für *quadratisch* oder *Display* auf.
Informiere dich.

(3) Vergleicht eure Ergebnisse.

(4) Wähle ein schwieriges Wort aus einem Text aus
und schreibe eine Erklärung dazu.

(5) Finde weitere unbekannte Wörter
in deinen Texten und erkläre sie.

Aha Seite 111

Aha Seite 120

– SCH verfassen eigene informierende, beschreibende Texte
– SCH achten auf eine logische Anordnung der Informationen

Satzarten erkennen

Sprache untersuchen

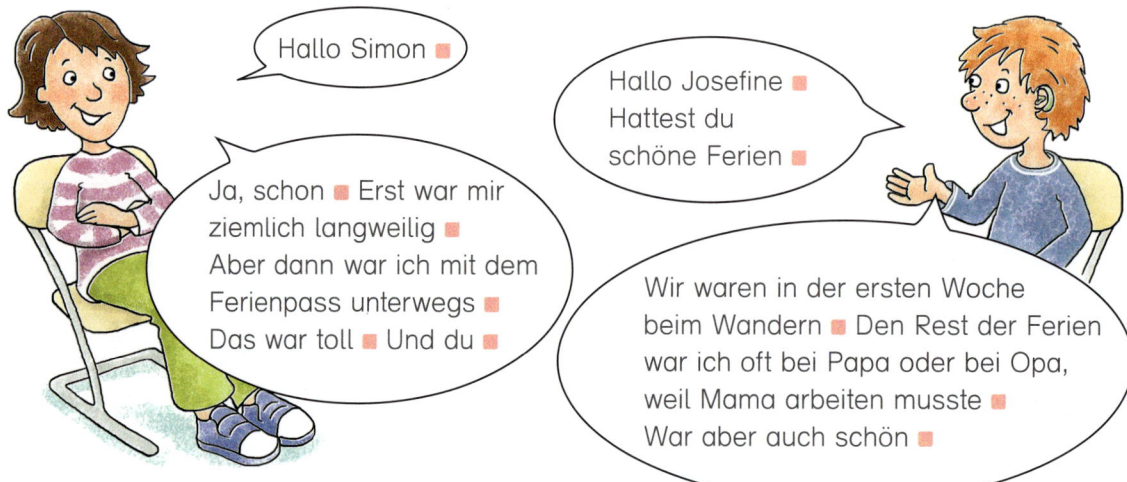

Hallo Simon ■

Hallo Josefine ■
Hattest du
schöne Ferien ■

Ja, schon ■ Erst war mir
ziemlich langweilig ■
Aber dann war ich mit dem
Ferienpass unterwegs ■
Das war toll ■ Und du ■

Wir waren in der ersten Woche
beim Wandern ■ Den Rest der Ferien
war ich oft bei Papa oder bei Opa,
weil Mama arbeiten musste ■
War aber auch schön ■

① Lies die Sprechblasen. Was fehlt? Erkläre.

② Spielt das Gespräch mit verteilten Rollen.
Sprecht so, dass man die Sätze am Klang erkennen kann.

③ Schreibe das Gespräch auf. Ergänze passende Satzzeichen (.?!).

④ Vergleiche deine Sätze mit einem Partner.

! Seite 128

⑤ Vergleiche die Satzarten.
- Wann verwendest du welches Satzzeichen?
- Wie betonst du die verschiedenen Satzarten?

War das nicht unfair letztes Weihnachten gab es überhaupt keinen Schnee bei uns zuhause mussten wir dafür dann zu Ostern die Eier in der weißen Pracht suchen in Bayern waren dann zu allem Unglück auch noch die Sommerferien total verregnet was ist da bloß los das Wetter macht wirklich was es will

⑥ Lies den Text. Was fällt dir auf? Beschreibe.

⑦ Verändere den Text so, dass er verständlich ist. Schreibe ihn auf.

⑧ Lest euch den Text gegenseitig vor. Vergleicht eure Sätze.

 Seite 9

⑨ Markiere die Satzzeichen der Aussagesätze, Fragesätze und Ausrufesätze jeweils mit einer anderen Farbe.

— SCH nutzen die Funktion unterschiedlicher Satzarten, beschreiben deren Wirkungen, setzen Satzzeichen
— SCH setzen passende Satzzeichen

Pronomen erkennen

Er repariert kaputte Tische und Stühle im Schulhaus.

Sie müssen vom Blumendienst gegossen werden.

Es hilft den Kindern, Informationen zu sammeln.

Sie ruft an, wenn ein Kind abgeholt werden muss.

Es muss immer in der Schultasche sein.

Sie freuen sich auf die Pause.

Sprache untersuchen

(1) Schreibe die Rätsel auf. Finde die Lösungen.

(2) Was hast du gemacht, um die Lösung zu finden? Schreibe auf und vergleiche mit einem Partner.

(3) Schreibe eigene Rätsel auf.

(4) Du hast in deinen Rätseln Pronomen verwendet. Schreibe deine Erklärung für Pronomen auf.

 Seite 130

hoffe, dass am Wandertag schönes Wetter ist.
schiebst Julia im Rollstuhl auf den Pausenhof.
möchte gerne neben Lukas sitzen.
hat manchmal Angst, in die Schule zu gehen.
liegt auf dem Regal der Klassenbücherei.

haben heute Regenpause im Schulhaus.
habt einen netten Deutschlehrer.
haben der Sekretärin einen Streich gespielt.

(5) Bilde Sätze. Schreibe sie auf.

(6) Vergleicht eure Sätze. Wie seid ihr vorgegangen?

(7) Nicht jedes Pronomen passt zu jedem Satz. Erkläre.

 Seite 10

du   er   es   ich   ihr   sie   wir

– SCH bestimmen die Merkmale von Pronomen

Wortfamilien erkennen

Richtig schreiben

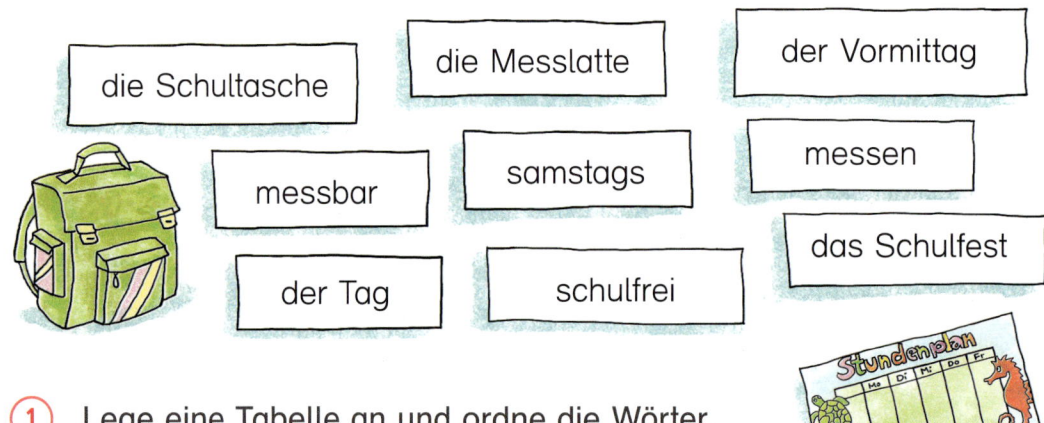

① Lege eine Tabelle an und ordne die Wörter.

Seite 19

② Was hat dir geholfen? Erkläre.

③ Unterstreiche jeweils den gleichen Wortstamm mit einer Farbe.

④ Gib jeder Spalte eine Überschrift.

-schul-			
schulfrei			

⑤ Ordne auch diese Wörter den Wortfamilien zu. Begründe.

Seite 11

⑥ Suche weitere Wörter, die zu den Wortfamilien gehören.

⑦ Schau dir die Quartettkarten an. Immer vier Karten gehören zusammen. Erkläre das Spiel einem Partner.

⑧ Findet weitere Wortfamilien. Spielt das Quartett.

— SCH übertragen die Schreibweise von Wortstämmen auf verwandte Wörter

Vokallänge und Silben hören und nutzen

Richtig schreiben

W**A**NGE / WAGEN
F**Ä**NGEN / FADEN
T**O**RTE / TAUBEN
R**O**STEN / ROSE
H**U**NGER / HOPE

① Ergänze die fehlenden Buchstaben. Sprich die Wörter deutlich.

② Schreibe die Wortpaare auf:

Wa gen — Wan ge

Achte auf das Silbenende der ersten Silbe. Erkläre.

③ Suche eigene Vokal-Paare.
Schreibe sie als Rätsel für einen Partner auf.

 Seite 18

| das Heft | der Zug | der Stift | das Bild | das Los |
| das Nest | der Hals | das Brot | der Sturm | der Hof |

④ Sprich die Wörter deutlich.

⑤ Ordne die Wörter. Was hat dir geholfen? Erkläre.

⑥ Lege mit den Wörtern eine Tabelle an.
Schreibe die Wörter in der Einzahl und in der Mehrzahl auf:

das Heft — die Hef te

 Seite 12

| der Boden | das Ding | der Hals | helfen |
| morgen | die Rose | schenken | die Tür |

— SCH nutzen Silben und Klangunterschiede der Vokale, um sich Schreibungen zu erschließen (offene und geschlossene Silben, Vokallänge)

Schlau geübt

Pronomen erkennen

Ab heute gehe ▨ in eine neue Schule. Zum Glück kenne ▨ dort schon ein paar Kinder. ▨ wohnen in meiner Straße. Mein Nachbar geht auch in meine neue Klasse. ▨ wird mir dort alles zeigen. ▨ können gemeinsam zur Schule laufen. Davor bin ▨ auf eine andere Schule gegangen, wo die Klassen viel kleiner waren und ▨ mehr Zeit zum Lernen hatten. Meine Freundin geht weiter dorthin. Aber ▨ wird mich oft am Nachmittag besuchen.

① Schreibe den Text ab. Ergänze die fehlenden Wörter.

② Welche Wörter hast du eingesetzt? Begründe.

Vokallänge und Silben hören und nutzen

schla-   Ro-   dun-
la-   Kas-   den-
fin-   Pal-

-me   -ten   -kel
-fen   -se   -den
-ken   -chen

③ Setze die Silben zu Wörtern zusammen. Schreibe auf: schla fen

④ Ist die Silbe offen oder geschlossen? Ordne die Wörter.

stark   die Erde   die Sonne   die Nase   die Feder   raten
die Tante   rot   gut   schnell   suchen   springen   der Regen

Seite 13

⑤ Schreibe die Wörter geordnet auf. Ist die erste Silbe offen oder geschlossen? Schreibe sie in einer zweisilbigen Form auf: star ke

Endet die erste Silbe mit einem Vokal, nenne ich diese Silbe eine **offene Silbe**. Der Vokal klingt lang. Endet die erste Silbe mit einem Konsonanten, nenne ich diese Silbe eine **geschlossene Silbe**. Der Vokal klingt kurz.
he ben, hel fen

Wortfamilien erkennen

> der Fluss   geschmackvoll   die Hilfe   flüssig
> helfen   der Geschmack   denkwürdig   fließen
> der Gedanke   denken   hilflos   abschmecken

(1) Lies die Wörter. Schreibe sie geordnet auf.

(2) Unterstreiche jeweils den gleichen Wortstamm in einer Farbe.

(3) Suche weitere Wörter, die zu den Wortfamilien gehören.

> Wörter bestehen aus **Wortbausteinen**. Der **Wortstamm** hilft,
> richtig zu schreiben. Wörter können sich durch Anfangsbausteine
> und Endbausteine verändern.
> die Vor**fahr**t, weg**fahr**en
> **trink**en, Ge**tränk**

Der erste Feueralarm

Das neue Schuljahr hat gerade erst begonnen heute
hatten wir schon den ersten Feueralarm mit der Klasse
mussten wir so schnell wie möglich auf den Pausenhof
rennen durften wir aber nicht und was hatten wir vergessen
wir hatten unsere Klassenzimmerfenster nicht geschlossen
hoffentlich ist der nächste Probealarm nicht wieder an einem
Regentag unsere Hausschuhe müssen erst trocknen

(4) Schreibe den Text ab. Setze die fehlenden Satzzeichen.
Schreibe am Satzanfang groß.

Seite 113

> das Fenster   heute   das Jahr   die Klasse
> rennen   schnell   vergessen   das Zimmer

– SCH übertragen die Schreibweise von Wortstämmen auf verwandte Wörter
– SCH nutzen die Funktion unterschiedlicher Satzarten, beschreiben deren Wirkungen, setzen Satzzeichen
– SCH üben Rechtschreibung am Grundwortschatz

Lebensraum Wald

Sprechen und Zuhören

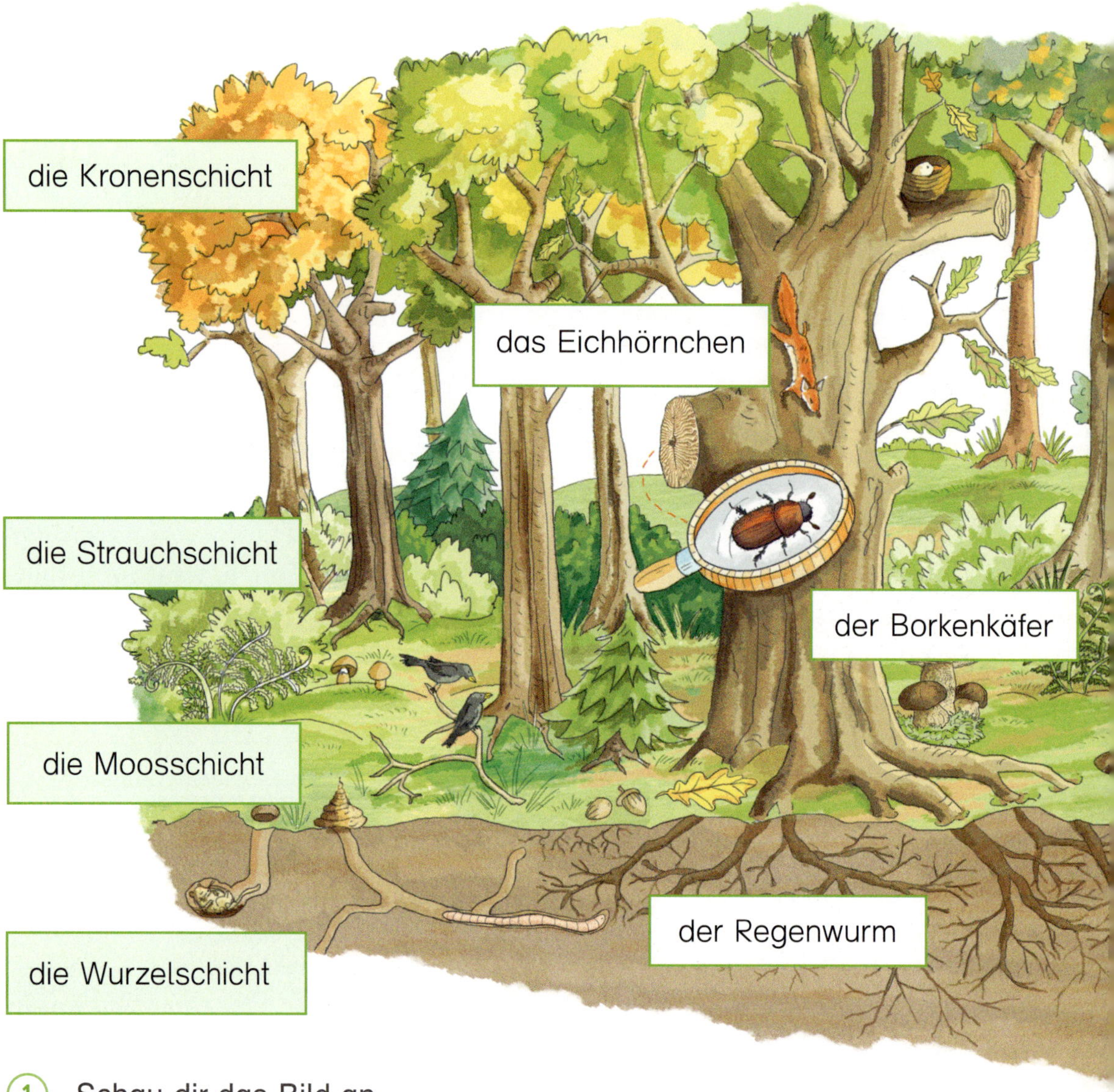

die Kronenschicht

das Eichhörnchen

die Strauchschicht

der Borkenkäfer

die Moosschicht

der Regenwurm

die Wurzelschicht

① Schau dir das Bild an.
Beschreibe. Verwende die Fachbegriffe.

② Was weißt du sonst noch über den Wald?
Sprich mit einem Partner darüber. Verwende Fachbegriffe und erkläre sie.

③ Höre deinem Partner zu. Frage nach, wenn du etwas nicht verstanden hast.

④ Sage mit eigenen Worten, was dein Partner erzählt oder erklärt hat.

⑤ Tauscht euch über eure Berichte aus.
- Was war gut?
- Was hast du nicht verstanden?

⑥ Sammelt eure Fragen zum Thema **Wald**.

- SCH entnehmen Beiträgen in fachspezifischer Bildungssprache die wesentlichen Informationen
- SCH achten auf eine wertschätzende Gesprächsatmosphäre
- SCH beschreiben einzelne Schritte beim Lernen und Problemlösen

Kriterien für ein gutes Plakat erstellen

Schreiben

1. Sprecht über das Plakat.
   - Was gefällt euch gut?
   - Was gefällt euch nicht?

2. Das Plakat kann man nicht gut lesen. Was würdest du ändern?

3. Einige Informationen sind auf dem Plakat durcheinandergeraten. Ordne sie.

4. Schreibe deine Ideen für ein gutes Plakat auf.
   Das ist für mich bei einem Plakat wichtig: ...

5. Tauscht euch aus.

Aha Seite 111

– SCH ziehen typische Elemente aus informierenden Texten heran und erstellen für eigene Texte Sammlungen
– SCH verfassen eigene informierende, beschreibende Texte

Informationen finden

Schreiben

Tiere und Pflanzen in Mischwäldern

In unseren heimischen Wäldern findet man Laubbäume und viele Nadelbäume. Es gibt aber auch Sträucher, Kräuter, Blumen, Pilze, Flechten und Moose. Diese **Pflanzen** teilen den Wald in unterschiedliche **Stockwerke** ein, in denen auch viele **Tiere** ihr Zuhause finden. Die meisten Wälder sind **Mischwälder**. Den größten Anteil stellt die **Fichte**. Sie wächst schnell und bringt viel Ertrag.
Bei den Laubbäumen steht die **Buche** an erster Stelle.

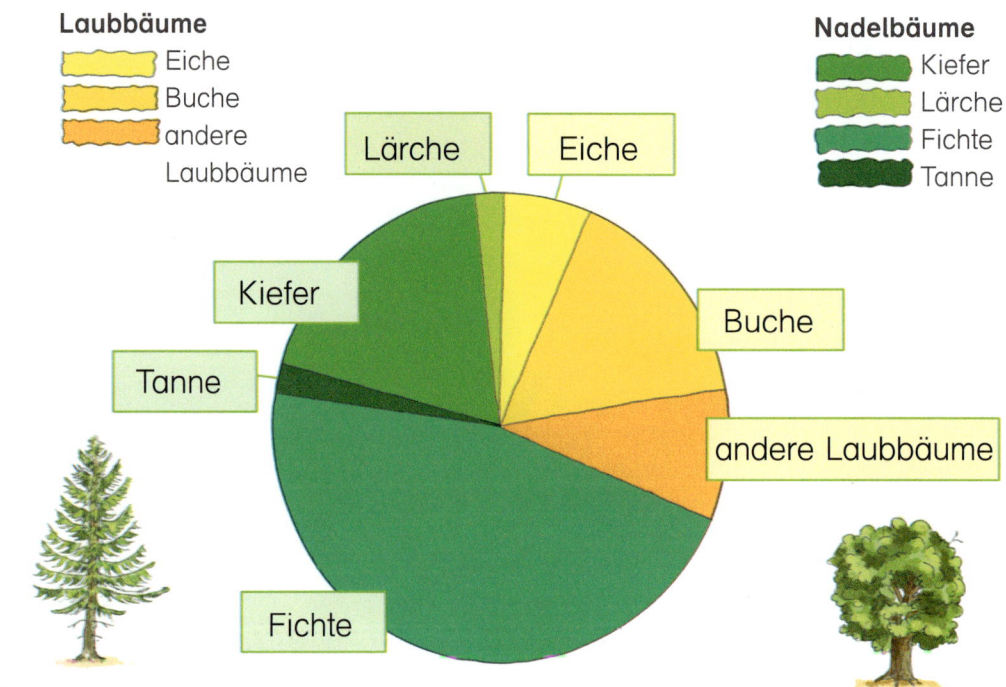

Baumbestand in Bayern

① Lies die Überschriften auf der Doppelseite. Was weißt du schon über die Themen?

② Tausche dich mit einem Partner aus.

③ Nutze Bilder, Überschriften und fett gedruckte Wörter für einen ersten Überblick. Schreibe Stichpunkte auf.

④ Finde zu einem Thema Informationen im Text und in der Grafik.
- Verteilung von Laub- und Nadelbäumen
- …

 Seite 119

 Seite 14

– SCH nutzen Schreiben zum Erschließen von Texten (Zusammenfassung von Informationen)
– SCH achten bei eigenen Texten auf eine logische Anordnung der Informationen

Ein Plakat erstellen

Schreiben

Pilze im Wald

Auf dem Waldboden wachsen unterschiedliche Pilzarten. Zu den beliebtesten **Speisepilzen** gehören der Steinpilz, der Pfifferling und der Champignon. Wer Pilze sammelt, sollte sich gut auskennen. Einige Pilze sind nämlich leicht mit anderen, ähnlich aussehenden giftigen Pilzen, zu verwechseln. Man nennt sie **giftige Doppelgänger**. Der Verzehr dieser Doppelgänger kann unterschiedlich gefährlich sein.

Giftige Pilze im Wald
- 🕒 Wann wirkt das Gift?
- ☠ Wie viele Pilze sind tödlich?
- 🍄 Welchem Pilz ähnelt der Giftpilz?

Grüner Knollenblätterpilz
- 🕒 8–24 Stunden
- ☠ weniger als ein Pilz
- 🍄 Champignon, Täubling

Gifthäubling
- 🕒 5–12 Stunden
- ☠ eine Handvoll Pilze
- 🍄 Stockschwämmchen

Frühjahrslorchel
- 🕒 12 Stunden
- ☠ schwer einzuschätzen
- 🍄 Speisemorchel, Böhmische Verpel

Spitzgebuckelter Raukopf
- 🕒 2–21 Tage
- ☠ ein Pilz
- 🍄 Pfifferling

1. Wie hast du deine Informationen gefunden? Wo hast du lieber nachgesehen? Erzähle und begründe.

2. Ergänze fehlende Informationen.

3. Gestaltet ein Plakat zum Thema **Wald**.

4. Präsentiert eure Plakate und tauscht euch aus.
   - Sind alle wichtigen Informationen enthalten?
   - Was war gut?
   - Was kann verbessert werden?

 Seite 119

 Seite 110

— SCH passen ihre Schrift dem jeweiligen Zweck an
— SCH gestalten Texte zweckmäßig, übersichtlich und ansprechend
— SCH beschreiben Lernerfahrungen und Lernfortschritte

Adjektive erkennen

Sprache untersuchen

Mein Tier hat einen kurzen Schwanz, zwei kurze und zwei lange kräftige Beine. Am Kopf sitzen zwei lange löffelförmige Ohren.

Mein Tier hat einen kurzen Schwanz, vier lange dünne Beine und ein gepunktetes Fell. Am Kopf sitzen zwei ovale Ohren.

! Seite 28

① Lies die Rätsel. Welche Tiere sind hier gemeint? Woran hast du sie erkannt?

② Beschreibe das Aussehen der beiden Tiere noch genauer.

③ Schreibe ein Rätsel zu einem anderen Tier. Verwende Wörter, die es genau beschreiben.

④ Lest euch die Rätsel gegenseitig vor.
- Hast du das Tier erkannt?
- Gibt es Wörter im Text, die genau beschreiben?

> flink   schlau   listig   scheu   ängstlich   fleißig

 Seite 15

⑤ Beschreibe auch andere Tiere genau. Schreibe so:
der flinke Luchs – die flinken Luchse
ein flinker Luchs – viele flinke Luchse

 Seite 116

⑥ Unterstreiche die Wörter, die genau beschreiben. Wo stehen sie meistens? Was fällt dir auf? Vergleiche mit der Wörterliste.

| DER HUNGRIGE BÄR | DIE SCHLAUE MAUS |

⑦ Schreibe richtig auf. Was hast du geändert? Erkläre.

⑧ Beschreibe noch genauer: der dicke, hungrige Bär

– SCH wenden Strategien zum Erkennen von Adjektiven an
– SCH erweitern den Nominalkern, um die Großschreibung des Nomens zu erkennen

Adjektive und ihre Endbausteine erkennen

Sprache untersuchen

ähnlich	deutlich	durstig	dreckig	ehrlich
fleißig	flüssig	traurig	gefährlich	glücklich
kräftig	natürlich	nützlich	vorsichtig	

Seite 89

Seite 16

1. Ordne die Wörter. Schreibe sie auf.
2. Vergleicht, wie ihr geordnet habt. Was hat dir geholfen?
3. Finde weitere Adjektive mit den Endbausteinen **-ig** und **-lich**. Ergänze deine Ordnung.

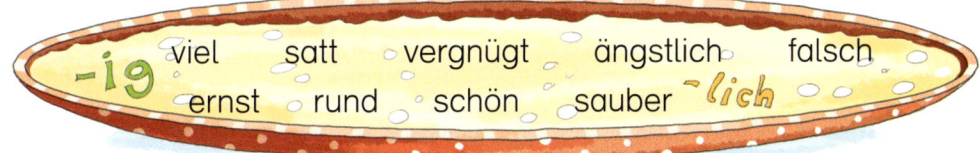

4. Finde jeweils ein Gegenteil. Schreibe die Gegenteilpaare auf:
   viel — wenig, satt — …

der Biss	das Ende	der Witz
der Berg	das Abenteuer	
das Gift	der Sturm	das Land
der Dreck	das Glück	

5. Schreibe die Nomen auf. Bilde das dazugehörige Adjektiv. Unterstreiche den jeweiligen Endbaustein:
   der Biss — bissig
6. Ein Wort ist anders. Erkläre. Suche weitere Beispiele.
7. Was verändert sich durch die Endbausteine? Erkläre.

| deutlich | durstig | dreckig | fertig |
| glücklich | natürlich | schwierig | wenig |

- SCH wenden Strategien zum Erkennen von Adjektiven an
- SCH nutzen Wortbausteine, um die Wortart zu bestimmen (Adjektive mit -ig und -lich)

Richtig schreiben

Wörter mit Doppelkonsonanten schreiben

die Tanne
das Zimmer
schwimmen
die Nüsse
das Wasser
essen   kommen
stellen   heben   fressen
die Mitte
das Kissen

① Sprich die Wörter deutlich.
Höre auf den Vokal in der ersten Silbe. Ist er lang oder kurz?

② Sprich die Wörter in Silben. Schreibe auf.
Achte auf das Ende der ersten Silbe. Beschreibe.

③ Ein Wort passt nicht. Begründe.

④ Sammle weitere passende Wörter aus der Wörterliste.

 Seite 29

das Brett   schlimm
voll   das Bett   der Stamm
dumm   schnell   der Mann
der Fluss   der Kamm
glatt   nass

⑤ Sprich die Wörter deutlich.

⑥ Wie kannst du auch bei diesen einsilbigen Wörtern das Silbenende hörbar machen? Erkläre.

⑦ Schreibe die Wortpaare auf:
die Betten – das Bett,

⑧ Zeichne bei den zweisilbigen Wörtern die Silbenbögen ein.
Achte auf das Silbenende. Beschreibe die erste Silbe.
die Bet ten – das Bett,

⑨ Wie kannst du die richtige Schreibung der Wörter erklären? Schreibe auf.

 Seite 17

— SCH nutzen Silben und Klangunterschiede der Vokale, um sich Schreibungen zu erschließen
— SCH verbinden ein- und zweisilbige Wortformen, um die Schreibung von Konsonantenverdopplung abzuleiten

Wörter verlängern

der Abend, rund, fremd, blind, das Land, der Dieb, der Berg, fertig, das Geld, gesund, das Band, schwierig, die Hand, das Rad, lieb, der Tag, wild, der Wind, der Weg, das Pferd

Richtig schreiben

1. Sprich die Wörter deutlich. Was hörst du am Ende?

2. Was hilft dir dabei, die Wörter richtig zu schreiben? Erkläre.

die Abende	der Abend
der runde Tisch	rund

 Seite 117

3. Ergänze weitere Beispiele.

 Seite 18

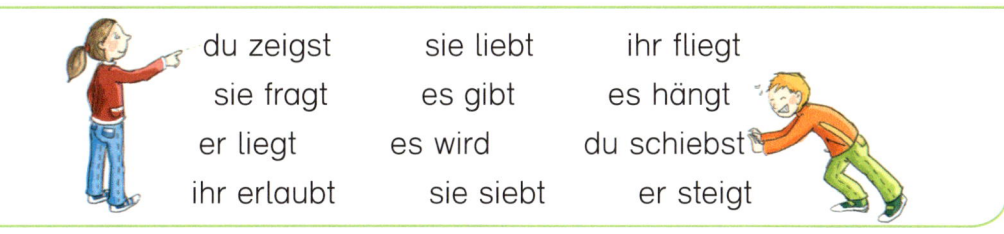

du zeigst   sie liebt   ihr fliegt
sie fragt   es gibt   es hängt
er liegt   es wird   du schiebst
ihr erlaubt   sie siebt   er steigt

4. Sprich die Verben deutlich. Finde zu jedem Verb die Grundform. Vergleiche mit einem Partner.

5. Schreibe jedes Verb mit der Grundform auf:
   zeigen — du zeigst

 Seite 114

| der Abend | der Berg | erlauben | fremd | das Geld |
| lieben | liegen | rund | steigen | werden |

– SCH machen Endlaute durch Verlängern hörbar
– SCH schreiben die kombinatorische Verhärtung richtig
– SCH verbinden ein- und zweisilbige Wortformen, um die Schreibung von Verhärtung abzuleiten

Schlau geübt

Adjektive erkennen

Eine Waldameise krabbelt über den ⬚ Moosboden. Zusammen mit den anderen ⬚ Ameisen sorgt sie für einen ⬚ Wald. Die **Waldpolizei** frisst nämlich ⬚ Insekten und lockert den Waldboden auf. Außerdem verbreiten die ⬚ Tiere den Samen einiger Pflanzen.

> lustig   gesund   feucht   fleißig   tot
> klein   schädlich   schön   wichtig   trocken

(1) Schreibe den Text vollständig auf. Setze passende Adjektive ein.

> **Adjektive** sagen, wie ein Nomen ist.
> Ich kann mit ihnen genauer beschreiben.
> Ich kann sie zwischen Artikel und Nomen setzen:
> hungrig — der hungrige Bär

Wörter verlängern

> der We■   er flie■t   gesun■   sie wir■
> bun■   die Ban■   er trin■t   sie gi■t
> das Mikrosko■   er pfle■t   lie■   der Wal■

(2) Ergänze die verlängerte Form der Wörter. Schreibe sie auf:
die Wege — der Weg,
fliegen — er fliegt,
der gesunde Wald — gesund, …

Seite 19

(3) Wähle fünf Wörter aus. Schreibe mit jedem Wort einen Satz.

— SCH wenden Strategien zum Erkennen von Adjektiven an
— SCH verbinden ein- und zweisilbige Wortformen, um die Schreibung von Verhärtung abzuleiten

Wörter mit Doppelkonsonanten schreiben

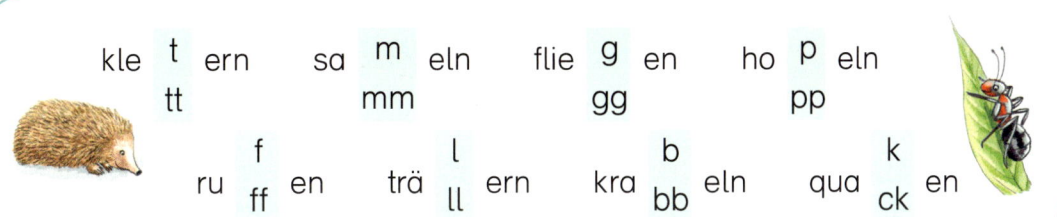

kle **t** ern   sa **m** eln   flie **g** en   ho **p** eln
    tt   **mm**   **gg**   **pp**

ru **f** en   trä **l** ern   kra **b** eln   qua **k** en
   ff   **ll**   **bb**   **ck**

1) Sprich die Wörter deutlich. Höre auf den Vokal in der ersten Silbe. Ist er lang oder kurz?

2) Schreibe die Wörter auf. Zeichne die Silbenbögen ein.

> Endet die erste Silbe mit einem Konsonanten, nenne ich diese Silbe eine geschlossene Silbe. Der Vokal klingt kurz.
> Nach einem kurzen Vokal folgen mehrere Konsonanten.
> Höre ich nur einen Konsonanten, muss ich ihn verdoppeln:
> win ken, die Kut sche, rol len, die Bet ten

Unser Wald

Der Wald hat viele wicht■e Aufgaben. Er säubert
die schmutz■e Luft der Städte und bietet uns einen ruh■en Ort
zur Erholung. Auch für viele andere Lebewesen ist
der Wald nütz■. Scheue und ängst■e Tiere finden hier
notwend■en Schutz. Und auch wenn wir Menschen viele
der Pflanzen auf gar keinen Fall essen dürfen, dienen den Tieren
zum Beispiel gift■e Pilze als lebenswicht■e Nahrung.

3) Schreibe den Text ab. Ergänze die Endbausteine **-ig** und **-lich**.

Seite 113

| das Beispiel | essen | giftig | die Luft | der Mensch |
| der Pilz | die Stadt | das Tier | der Wald | wichtig |

— SCH nutzen Silben und Klangunterschiede der Vokale, um sich Schreibungen zu erschließen
— SCH nutzen Wortbausteine, um die Wortart zu bestimmen
— SCH üben Rechtschreibung am Grundwortschatz

Märchen

Sprechen und Zuhören

 Seite 108

① Welche Märchen kennst du? Erzähle.

② In Märchen ist einiges gleich. Legt eine Sammlung an.

③ Wo begegnen dir Märchen? Erzähle.

④ Bringe von zu Hause unterschiedliche Märchen mit. Stelle sie der Klasse vor.

⑤ Welches Märchen kennst du in verschiedenen Darstellungen?
 • Was haben sie gemeinsam?
 • Worin unterscheiden sie sich?

⑥ Stellt mit Requisten eine besondere Stelle eines Märchen dar. Woran konnten die anderen das Märchen erkennen?

– SCH bekunden ihr Verstehen, indem sie Gehörtes zusammenfassen und Kerngedanken wiedergeben
– SCH achten beim Sprechen auf Lautstärke, Tempo und Satzmelodie
– SCH versetzen sich in eine Rolle und unterscheiden zwischen sich selbst als Person und dem Figuren-Ich

Eine Grafik erstellen

Schreiben

Lieblingsmärchen der Klasse 3a

Lieblingsmärchen der Deutschen

① Lies die Grafiken. Sprich mit einem Partner darüber.
   Was überrascht dich?

② Welche Märchen kennst du?
   Legt eine Grafik für eure Lieblingsmärchen an. Erklärt.

③ Vergleicht die Grafiken.

④ Wähle ein Märchen aus.
   Zeichne Orte, die in deinem Märchen vorkommen. Wie fühlst du dich, wenn du an diesen Märchenort denkst?

⑤ Zeichne die Figuren auf, die in deinem Märchen vorkommen.
   Was weißt du über sie? Schreibe in Stichworten auf.

⑥ Vergleicht die Figuren. Was fällt euch auf?

Aha Seite 109

Aha Seite 111

– SCH gestalten Texte zweckmäßig, übersichtlich und ansprechend (Grafiken)

Schreiben

Einen Erzählfaden schreiben

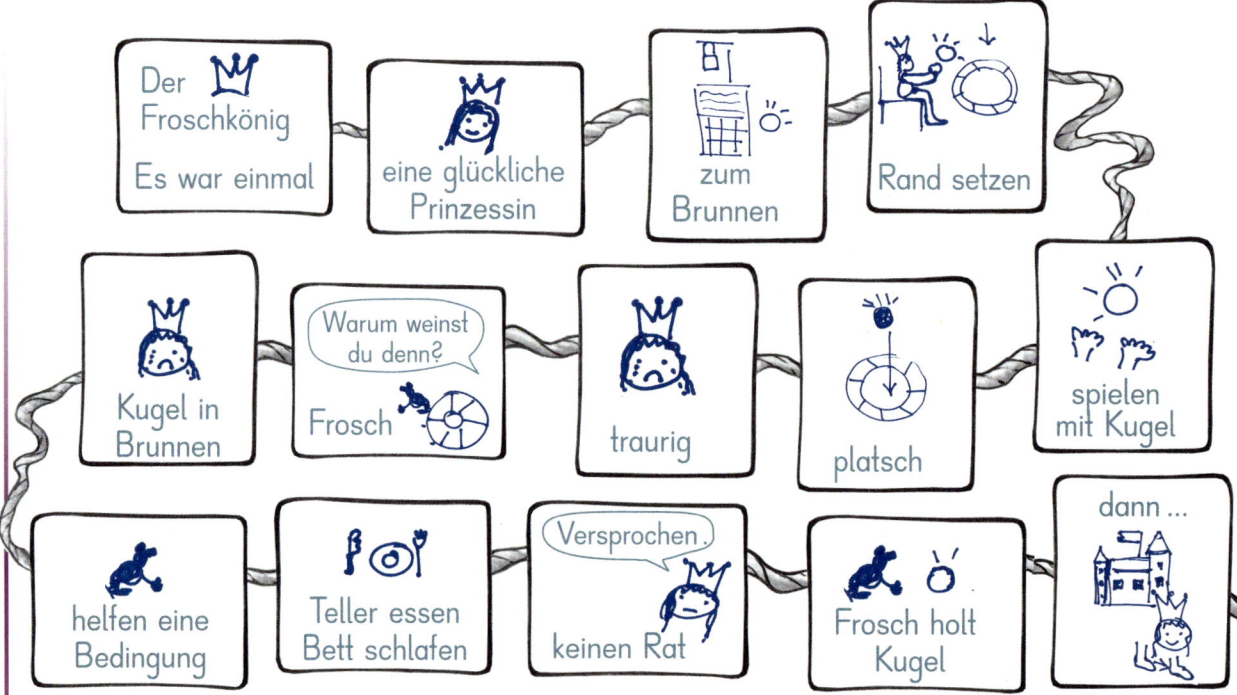

Aha Seite 109

① Welches Märchen ist dargestellt? Woran hast du es erkannt?

② Erzähle das Märchen zu Ende.

Aha Seite 118

③ Wähle ein Märchen aus. Lege auch einen Erzählfaden an. Denke an den Anfang und das Ende, die besonderen Orte und die Aufgabe, die gelöst werden soll.

④ Erzähle dein Märchen mithilfe deines Erzählfadens.

⑤ Hat dir dein Erzählfaden beim Erzählen geholfen? Erkläre.

 Seite 20

⑥ Überarbeite deinen Erzählfaden. Ergänze oder kürze ihn.

⑦ Wähle den Erzählfaden eines Partners aus. Gib ihm Rückmeldung.

– SCH erstellen, auch im Austausch mit anderen, Sammlungen für eigene Texte (Erzählfaden)
– SCH verfassen eigene Texte und achten dabei auf eine logische Anordnung der Informationen

Eine Schreibkonferenz durchführen

Schreiben

„Ich wusste wohl, dass du deinen Bruder erlöst hattest, denn die goldene Lilie ist aufgestanden und hat fortgeblüht." Alle zusammen lebten sie glücklich bis an ihr Ende …

Vor Zeiten waren ein König und eine Königin, die sagten jeden Tag: „Ach, wenn wir doch ein Kind hätten!" Doch sie kriegten immer keins. Da trug es sich zu …

Es lebte einmal ein Kaufmann, der hatte eine Tochter, Wassilissa die Wunderschöne. Als die Mutter starb, gab sie der Tochter eine Puppe und sagte: „…

(1) Lies die Textausschnitte.
Stehen sie am Anfang oder am Ende des Textes? Begründe.

(2) Wähle einen Textausschnitt aus.
Schreibe dein Märchen auf. Ein Erzählfaden kann dir helfen.

Aha Seite 121

Konferenzzettel für   Florian

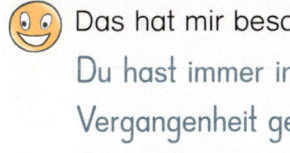 Das hat mir besonders gut gefallen	Das hat mich bewegt
Du hast immer in der Vergangenheit geschrieben. Dein Held muss drei Abenteuer bestehen.	Die Stelle, als die Puppe verschwand, ist toll. Ich habe mich richtig erschrocken.
Das würde ich ändern	Das habe ich nicht verstanden

(3) Lies den Konferenzzettel.
Welche Tipps hat Florian von seinem Partner bekommen?

 Aha Seite 123

(4) Tausche deinen Text mit einem Partner.
Bearbeite den Konferenzzettel für deinen Partner.

(5) Lies den Konferenzzettel deines Partners zu deinem Text.
Nimm seine Tipps bei deiner Überarbeitung auf.

 AH Seite 21

- SCH geben zentrale, konkrete Anregungen und Hilfestellungen für Texte
- SCH nehmen zentrale Anregungen für die Überarbeitung auf
- SCH setzen sich ein konkretes Überarbeitungsziel

Die wörtliche Rede erkennen

Sprache untersuchen

Speech bubble: "Damit ich dich besser …"

Speech bubble: "Aber Großmutter, was hast du für …"

① Schau dir die Bilder an. Erzähle.

② Schreibe auf, was die Figuren sagen.

③ Im Märchenbuch steht der Text nicht in Sprechblasen.
Schreibe den Text so auf, dass dein Leser trotzdem weiß, wer spricht.

④ Vergleicht eure Ergebnisse.

⑤ Wählt ein Märchen aus. Spielt eine Szene vor.

⑥ Schaut euch die Szenen der anderen Gruppen an. Vergleicht.
  • Was sagen die Spieler?
  • Wie sprechen sie?

⑦ Schreibe ein Gespräch auf. Unterstreiche die wörtliche Rede.
Kennzeichne oder ergänze die Anführungszeichen unten und oben.

 Seite 38

 Seite 111

— SCH markieren wörtliche Rede innerhalb von Sätzen durch Anführungszeichen und schließen den Redebegleitsatz vor der wörtlichen Rede mit richtigen Satzzeichen ab
— SCH beobachten andere im szenischen Spiel und beschreiben die Wirkung ihres Spiels

Rede- und Satzzeichen setzen

„Streu mir weißes Mehl
auf meine Pfote!"

„Ziege, bist du satt?"

„Spieglein, Spieglein an der Wand,
wer ist die Schönste im ganzen Land?"

„Königstochter, Jüngste, mach mir auf."

„Was macht mein Kind,
was macht mein Reh?"

① Schreibe die Märchensprüche mit Redebegleitsatz auf.
<u>Die böse Stiefmutter sprach</u>: „Spieglein, ... ?"

② Vergleicht miteinander.

③ Suche weitere Märchensprüche.
Schreibe sie mit Redebegleitsatz und allen Satzzeichen auf.

_____: „   ."

Aha Seite 111

ALSBALD TRAT DAS MÄNNCHEN HEREIN UND FRAGTE SIE NUN
FRAU KÖNIGIN, WER BIN ICH DA FRAGTE SIE BIST DU ETWA KUNZ
NEIN BIST DU ETWA HEINZ NEIN DA FRAGTE SIE BIST DU ETWA
RUMPELSTILZCHEN DA SCHRIE DAS MÄNNCHEN DAS HAT DIR DER …

④ Lies den Text. Ergänze die Satzzeichen. Schreibe weiter.

⑤ Vergleicht.

⑥ Überarbeitet euren Text, wenn nötig.

AH Seite 22

| erzählen | flüstern | fragen | rufen |
| sagen | schreiben | schreien | singen |

— SCH markieren wörtliche Rede innerhalb von Sätzen durch Anführungszeichen und schließen den
Redebegleitsatz vor der wörtlichen Rede mit richtigen Satzzeichen ab

Die erste Vergangenheit erkennen

Sprache untersuchen

Es war einmal …

Es ist nun schon lange her, da …

In den alten Zeiten, wo das Wünschen noch geholfen hat, …

Eines Abends trug es sich zu, dass …

In den alten Zeiten, da …

Dar wöör maal en Fischer un syne Frau, die …

① Lies die Texte. Was fällt dir auf?

② Schreibe die Märchenanfänge weiter. Vergleicht miteinander.

③ Achtet auf die Verben. Was ist gleich? Begründet.

 Seite 39

④ Suche aus einem Märchen unterschiedliche Verben und ergänze die Tabelle.

Grundform	Gegenwart (jetzt)	erste Vergangenheit (früher)
nähen	er näht	er nähte
l…	er l…	er lief

⑤ In Märchen kommen viele Verben in der ersten Vergangenheit vor. Erkläre.

 Seite 23

⑥ Wähle einige Verben aus und schreibe sie mit allen Personalpronomen auf.
ich, du, er/sie/es, wir, ihr, sie

⑦ Bei vielen Verben fällt es dir leicht, die erste Vergangenheit zu bilden, bei anderen ist es schwerer. Finde Beispiele und erkläre.

— SCH verwenden Verben in den verschiedenen Zeitformen in angemessener Weise (Präteritum)
— SCH beschreiben Gemeinsamkeiten und Unterschiede von Sprachen (Dialekte)

Schreibsilben gliedern

1. Lies die Silben. Setze sie zu sinnvollen Wörtern zusammen.

2. Suche weitere Wörter aus der Wörterliste und schreibe sie in Silben auf.

3. Arbeite mit einem Partner. Er diktiert dir seine Wörter. Du gliederst sie in Schreibsilben.

4. Vergleicht eure Ergebnisse. Überprüft mit dem Wörterbuch oder der Wörterliste.

5. Wofür ist die Schreibsilbe wichtig? Schreibe auf und vergleicht miteinander.

Richtig schreiben

 Seite 24

 Seite 116

Autoren – nen		Spielen – de
bein – halten	Musiker – ziehung	Bluter – guss
	Tee – nager	Wund – erland

6. Lies die Wörter. Was musst du ändern, damit die Wörter besser lesbar sind?

7. Vergleiche deine Lösung mit einem Partner.

8. Finde noch andere lustige Schreibsilben.

der Elefant	die Eule	der Finger
das Gesicht	gestern	die Zeitung

— SCH trennen Wörter nach Schreibsilben am Zeilenende

Schlau geübt

Die wörtliche Rede erkennen

Abends schickt der Vater seinen Sohn Timo ins Bett.
Der Junge bittet Darf ich noch ein wenig aufbleiben?
Darauf antwortet der Vater Nein, morgen ist Schule.
Aber ich lese dir im Bett noch eine Geschichte vor.
Eine halbe Stunde später öffnet die Mutter leise
die Tür zum Kinderzimmer und fragt Ist er endlich
eingeschlafen? Timo seufzt Ja, endlich!

① Lies den Witz. Wer sagt was?

② Schreibe den Text mit den Satzzeichen der wörtlichen Rede auf.

③ Unterstreiche die Redebegleitsätze.

④ Finde weitere passende Verben für die Redebegleitsätze.
Schreibe sie auf.

⑤ Sammle weitere Wörter zum Wortfeld **sagen**.

Wenn jemand im Text spricht, steht der Text in der **wörtlichen Rede**.

Schreibsilben gliedern

⑥ Schreibe die langen Wörter in Schreibsilben auf:
Mär|chen|buch| ...

⑦ Schreibe weitere zusammengesetzte Wörter auf.

— SCH markieren wörtliche Rede innerhalb von Sätzen durch Anführungszeichen und schließen den Redebegleitsatz vor der wörtlichen Rede mit richtigen Satzzeichen ab
— SCH trennen Wörter nach Schreibsilben am Zeilenende

Die erste Vergangenheit erkennen

sie kennen   du musst
er schläft   wir fahren
ich bringe   es regnet

er schlief   ich brachte
wir fuhren   du musstest
es regnete   sie kannten

(1) Ordne die Wörter in einer Tabelle.

?	Gegenwart	erste Vergangenheit

Seite 25

(2) Ergänze die Tabelle.

> Verben sagen, wann etwas geschieht.
> Wenn etwas schon vorbei ist, nennt man es Vergangenheit.
> Die **erste Vergangenheit** findest du häufig in geschriebenen Texten:
> sagen, ich sage, ich sagte
> gehen, ich gehe, ich ging

Der süße Brei

Es lebt ein armes Mädchen allein mit seiner Mutter.
Eines Tages schenkt eine alte Frau dem Mädchen ein Töpfchen.
Wenn es sagt: „Töpfchen, koche!", kocht es einen süßen Hirsebrei.
Wenn es sagt: „Töpfchen, steh!", hört es auf.
Nun haben Mutter und Tochter keinen Hunger mehr. Eines Tages ist die Mutter allein zu Hause und kocht den süßen Brei. Doch als sie das Töpfchen anhalten will, weiß sie die Worte nicht …

(3) Schreibe das Märchen in der ersten Vergangenheit auf.

(4) Wie könnte das Märchen ausgehen? Schreibe auf.

Seite 113

die Frau   der Hunger   das Mädchen   das Märchen
stehen   süß   der Tag   wissen

– SCH verwenden Verben in den verschiedenen Zeitformen in angemessener Weise (Präteritum)
– SCH üben Rechtschreibung am Grundwortschatz
– SCH schreiben routiniert, zügig und fehlerlos von einer Vorlage ab

Von Kopf bis Fuß

Sprechen und Zuhören

① Schau das Bild an. Erzähle.

 Seite 109

② Hast du schon einmal etwas Ähnliches gesehen oder erlebt? Erzähle.

③ Testet eure Sinne. Erstellt eigene Spiele.

④ Sprecht über eure Erfahrungen bei den Spielen.
- Was fällt dir leicht?
- Was verändert sich?

— SCH beteiligen sich an Gesprächen: erzählen von Erlebtem und berichten
— SCH halten sich an gemeinsam erstellte Gesprächsregeln

Einen Vortrag üben

Sprechen und Zuhören

① Wähle einen Sinn aus.
Sammle Informationen dazu.

② Schreibe Stichpunkte auf.

③ Übe deinen Vortrag mit einem Partner.
Lass dir Rückmeldung geben.
War alles verständlich?

④ Trage ihn in der Klasse vor.

Das Auge	
Aufbau	Aufgabe
das Lid	schützt das Auge
die Pupille	regelt den Lichteinfall
die Wimpern	...

Aha Seite 110

– SCH bereiten sich je nach Sprechabsicht gezielt vor, indem sie sich Notizen machen, die Vortragssituation üben
– SCH strukturieren ihren Vortrag durch sinnvolle Pausen

Informationen in Sachtexten finden

Schreiben

① Lies die Fragen der Kinder.

② Ergänze eigene Fragen. Tauscht euch aus.

 Seite 111

Wie sehen wir?

Der Sehsinn ist einer unserer fünf Sinne.
Die Pupille steuert, wie viel Licht ins Auge gelassen wird.
Die Linse stellt das Bild scharf. Brillen, Kontaktlinsen oder eine Laserkorrektur können dabei helfen. Auf der Netzhaut
kommt das Bild gedreht an. Alles steht dort auf dem Kopf
und muss erst gedreht werden. Der Sehnerv leitet die Informationen, die das Auge aufnimmt, an unser Gehirn weiter.
Dort wird ein Bild von dem Gegenstand erzeugt,
der vor unserem Auge ist. Das alles funktioniert mit dem Licht,
das ein Gegenstand zurückwirft und geht unglaublich schnell.

 Seite 119

③ Lies den Text. Beantworte die Fragen von der Pinnwand. Schreibe Stichpunkte auf.

④ Welche Fragen bleiben unbeantwortet?

 Seite 26

⑤ Suche Informationen zu diesen Fragen.

⑥ Stellt eure Informationen in der Klasse vor.

— SCH nutzen vor dem Schreiben Methoden zur Sammlung und Ordnung von Informationen

Eine Lernkartei schreiben und überarbeiten

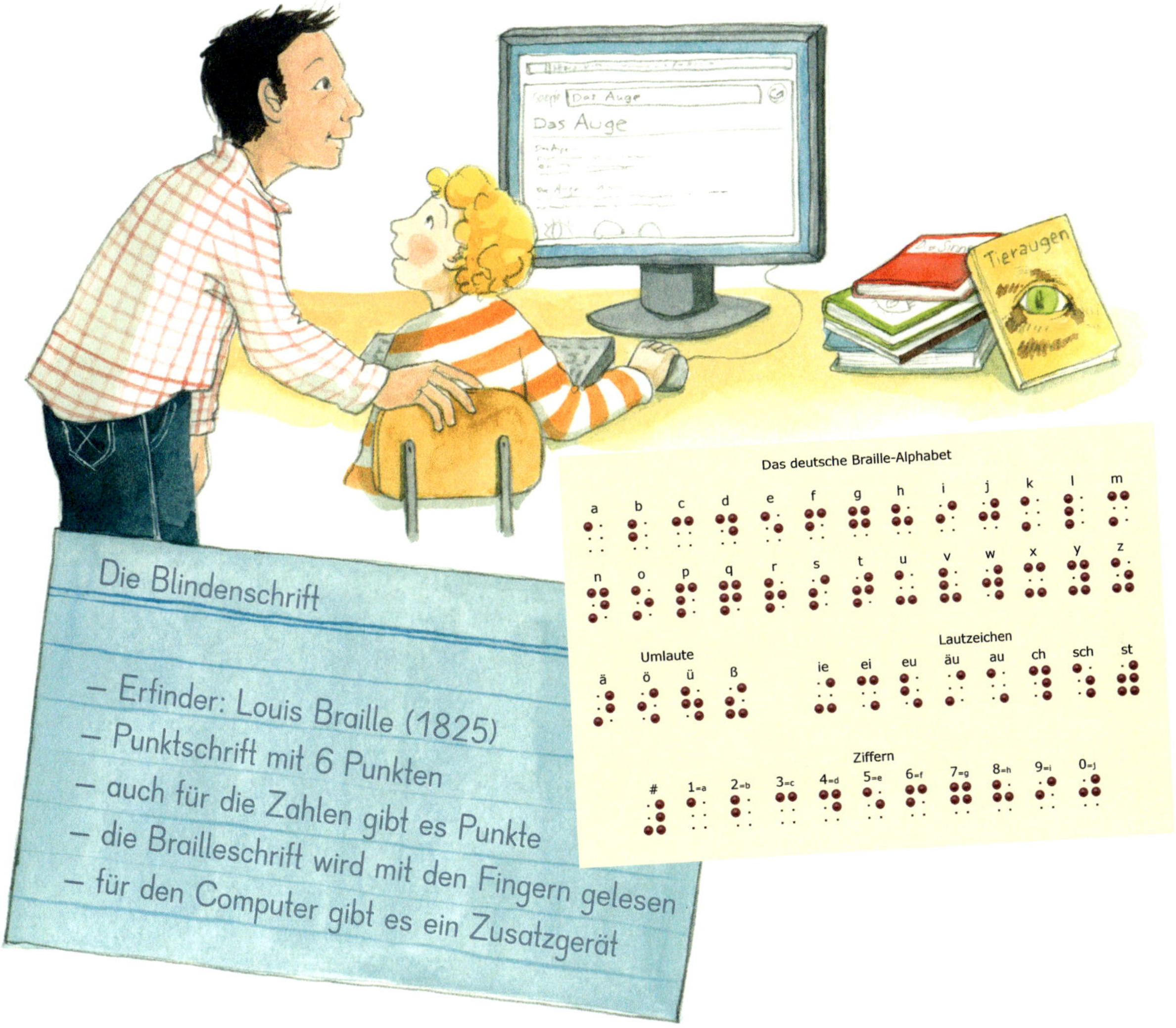

Schreiben

Die Blindenschrift

– Erfinder: Louis Braille (1825)
– Punktschrift mit 6 Punkten
– auch für die Zahlen gibt es Punkte
– die Brailleschrift wird mit den Fingern gelesen
– für den Computer gibt es ein Zusatzgerät

① Wähle eine Frage, die dich interessiert. Stelle die Informationen dazu auf einer Karte für eine Lernkartei zusammen.

② Legt die Karteikarten in der Klasse aus.
Geht von Karte zu Karte und lest die Texte.

③ Vergleicht die Karten.
Mit welcher Lernkartei könntest du gut lernen? Begründe.

④ Überarbeite deine Karteikarte mithilfe der Tipps.
Ergänze, wenn nötig, weitere Informationen.

⑤ Schreibe einen informierenden Text zu deiner Karteikarte.

Aha Seite 120

⑥ Überarbeitet eure Texte. Schreibt in der Gruppe über den Rand.

Aha Seite 124

⑦ Schreibe deinen Text überarbeitet auf.

– SCH verfassen eigene informierende, beschreibende Texte und achten auf die Vollständigkeit

– SCH geben konkrete Anregungen für Texte, heben Stärken und gelungene Elemente hervor

Satzglieder umstellen

Sprache untersuchen

① Hier stimmt etwas nicht. Erkläre.

② Schreibe sinnvolle Sätze mit allen Wörtern auf.

 Seite 111

③ Vergleicht eure Sätze.
- Was haben sie gemeinsam?
- Was ist unterschiedlich?

 Seite 48

④ Einige Wörter bleiben in allen Sätzen zusammen.
Kreise diese Wörter ein. Sie bilden ein Satzglied.

Wir liefen mit geschlossenen Augen über den Fußfühlpfad.

Blinde lesen Texte mit den Fingern.

Besonders spannend war das Teetrinken im Dunkelcafé.

⑤ Wähle einen Satz aus. Stelle die Satzglieder so oft wie möglich um.

⑥ Kreise die Satzglieder ein.

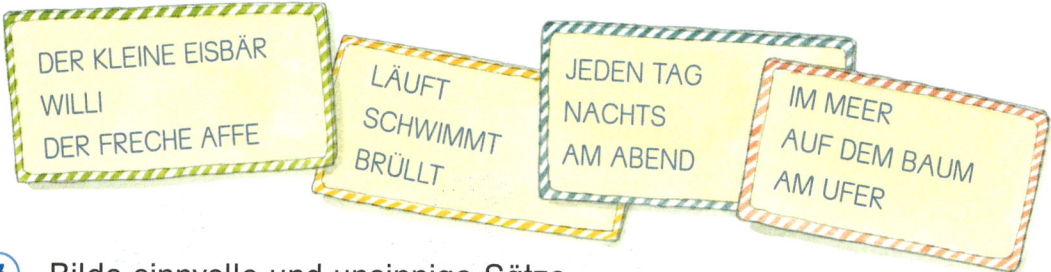

⑦ Bilde sinnvolle und unsinnige Sätze.

Seite 27

⑧ Stelle die Satzglieder in jedem Satz so oft wie möglich um.
Kreise sie ein.

⑨ Schreibt eigene Karten und bildet damit Sätze.

— SCH verändern Sätze durch Umstellen, Ersetzen, Weglassen, Erweitern und Verkürzen von Satzgliedern, um ihr Sprachbewusstsein und ihre Ausdrucksfähigkeit beim Sprechen und Schreiben zu erweitern

Satzglieder erkennen

Wir balancierten.
Jonas las.
Ich führte.

(1) Lies den Text. Sprecht darüber.

(2) Ergänze den Text mit den Informationen aus dem Bild.

(3) Verändere die Sätze. Schreibe sie auf.

(4) Vergleicht eure Sätze. Was verändert sich?

Ein Mann malte mit dem Pinsel in bunten Farben auf einem großen Blatt Papier in einer Ecke mit dem Fuß ein wunderschönes Bild.

(5) Lies den Satz. Sprecht darüber.

(6) Welche Satzglieder kannst du weglassen? Schreibe den verkürzten Satz auf.

(7) Vergleicht eure Sätze.

Jonas kauft einen Fußball.

Der Junge
Er
Der Bub

(8) Ersetze ein Satzglied und bilde neue Sätze.

(9) Vergleicht eure Sätze. Was verändert sich?

| gleich | kurz | lassen |
| lesen | das Satzglied | verändern |

Sprache untersuchen

AH Seite 28

— SCH verändern Sätze durch Umstellen, Ersetzen, Weglassen, Erweitern und Verkürzen von Satzgliedern, um ihr Sprachbewusstsein und ihre Ausdrucksfähigkeit beim Sprechen und Schreiben zu erweitern

Zusammengesetzte Nomen bilden

Richtig schreiben

hören	das Haus
schreiben	der Blitz
der Stock	fühlen
das Paket	das Auge

das Gerät	dunkel
der Pfad	die Schnur
hoch	der Block
schnell	das Lid

① Setze aus jedem Kasten jeweils ein Wort zu einem sinnvollen Nomen zusammen: das Hörgerät, ...

② Schreibe die Zusammensetzungen auf.
Bestimme die Wortarten.

hören + das Gerät = das Hörgerät
Verb + Nomen = zusammengesetztes Nomen

 Seite 130

 Seite 29

③ Was fällt dir auf? Erkläre.

④ Schreibe weitere zusammengesetzte Nomen auf.

die Schokolade, die Weihnacht, die Sonne, die Pfeife, der Kuchen, der Liebling, der Wagen, der Frieden, das Geschenk, der Schein, die Puppe, das Tier, der Urlaub, die Reise

⑤ Setze die Puzzleteile zusammen.
Schreibe die Wörter auf: die Urlaubsreise, ... Was fällt dir auf?

⑥ Ordne die Wörter. Vergleicht.

⑦ Ergänze weitere Karten.
Schreibe die zusammengesetzten Wörter auf.

– SCH verwenden Zusammensetzungen als Mittel der Wortbildung
– SCH kombinieren Erkenntnisse zu Wortstämmen mit grammatischen Überlegungen zur Wortart
– SCH schreiben Wortzusammensetzungen mit Fugenelement richtig

Wörter mit ck und tz schreiben

Richtig schreiben

1. Sprich die Wörter deutlich.
   Höre auf den Vokal in der ersten Silbe. Ist er kurz oder lang?

2. Sprich die Wörter. Gehe die Silben.
   Achte auf das Ende der ersten Silbe. Beschreibe.

---

die Brücke   die Mütze   die Glocke   der Bäcker   die Spritze   die Pfütze

3. Vergleiche die gesprochenen Wörter mit den geschriebenen Wörtern. Was fällt dir auf?

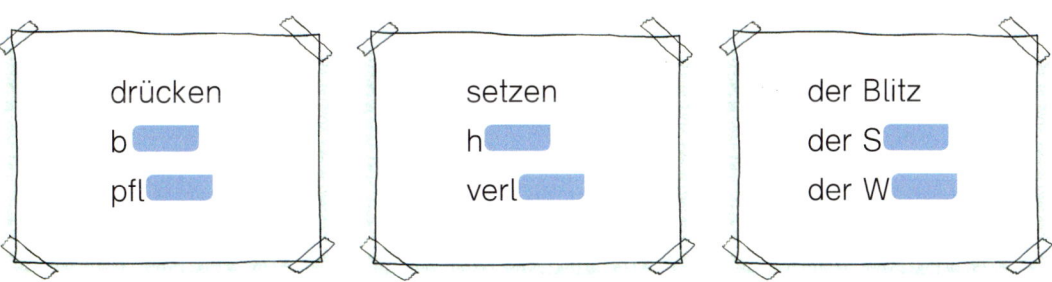

drücken
b____
pfl____

setzen
h____
verl____

der Blitz
der S____
der W____

4. Bilde die Reimwörter. Schreibe sie auf.
   Ergänze weitere Reimwörter.

5. Bilde zusammengesetzte Wörter mit **ck** und **tz**.
   die Backstube, der Blitzableiter, …

6. Erkläre die richtige Schreibung der einsilbigen Wörter.

Seite 30

| backen | erschrecken | das Netz | die Pfütze |
| der Platz | schützen | das Stück | verstecken |

– SCH verbinden ein- und zweisilbige Wortformen, um die Schreibung von Konsonantenverdopplung abzuleiten
  (Wörter mit ck und tz)

Schlau geübt

Satzglieder erkennen

Das Chamäleon bewegt seine Augen unabhängig voneinander in verschiedene Richtungen.

Die Riesenkraken haben mit einem Durchmesser von 40 cm die größten Augen im Tierreich.

Der Bussard sieht eine Maus wie mit Ferngläsern aus 200 m Entfernung.

① Wähle einen Satz aus. Stelle die Satzglieder so oft wie möglich um.

② Kreise die Satzglieder ein.

③ Schreibe die Satzglieder auf Kärtchen. Welche Satzglieder kannst du weglassen? Probiere aus. Schreibe die neuen Sätze auf.

④ Ersetze einige Satzglieder. Schreibe die neuen Sätze auf.

IM DUNKELN	DIE KATZE	DER MAULWURF
DIE FARBEN	UNTERSCHEIDET	DIE EULE
GUT	KAUM	SIEHT	…

⑤ Bilde sinnvolle Sätze.

⑥ Stelle die Satzglieder so oft wie möglich um.

⑦ Kreise die Satzglieder ein.

AH Seite 31

> Sätze bestehen aus einem oder mehreren Satzgliedern.
> Ein **Satzglied** besteht aus einem oder mehreren Wörtern.
> Jedes Satzglied lässt sich an die erste Stelle setzen (**Erststellprobe**) und umstellen (**Umstellprobe**).
>
> (Ich) lese ein Buch. (Ein Buch) lese ich. (Lese) ich ein Buch?

– SCH verändern Sätze durch Umstellen, Ersetzen, Weglassen von Satzgliedern

Wörter mit ck und tz schreiben

k oder ck?
z oder tz?

die Ba**k**e / die Ba**ck**e   die Ka**z**e / die Ka**tz**e   qua**k**en / qua**ck**en
ba**k**en / ba**ck**en   der Wei**z**en / der Wei**tz**en   die Hi**z**e / die Hi**tz**e

(1) Sprich die Wörter. Ist der Vokal in der ersten Silbe kurz oder lang? Setze die fehlenden Konsonanten ein.

(2) Finde weitere Wörter und ordne sie.

---

trocken   der Schmutz   die Ecke   schmutzig   eckig
die Trockenheit   trocknen   verschmutzen   der Eckball

(3) Ordne die Wörter nach Wortfamilien. Schreibe auf.

(4) Unterstreiche jeweils den gleichen Wortstamm in einer Farbe.

Sind unsere Augen wirklich lebenswichtig?

Ob beim Suchen der richtigen Medizin im Medikamentenschrank oder beim Lesen der Speisekarte – immer brauchen wir unsere Augen. Doch einige Menschen müssen ohne ihre Sehkraft auskommen. Mithilfe ihrer anderen Sinne, vor allem dem Tastsinn und dem Hörsinn, schaffen sie erstaunliche Dinge. Sie können Schlittschuh laufen und Mensch-ärgere-dich-nicht spielen. Doch dazu brauchen sie einige Hilfsmittel. Und die Hilfe sehender Menschen. Doch sie möchten erst gefragt werden, ob sie Hilfe benötigen.

(5) Schreibe den Text als Laufdiktat.

Aha Seite 113

| fühlen | hören | können | laufen | müssen |
| riechen | sehen | schmecken | sprechen | tasten |

- SCH verbinden ein- und zweisilbige Wortformen, um die Schreibung von Konsonantenverdopplung abzuleiten
- SCH übertragen die Schreibweise von Wortstämmen auf verwandte Wörter
- SCH üben Rechtschreibung am Grundwortschatz

Leben mit Medien

Sprechen und Zuhören

Sprechblase: kann heut doch nicht. Sry. Muss zum Zahnarzt. :-< CU.

Brief: entschuldige, dass ich so lange nicht geschrieben habe. Im Turnen war wegen der Aufführung so viel los. Ich schick Dir Fotos vom Auftritt! Viele Grüße

① Lies die Texte.

② Nicht alle Mitteilungen sind sofort verständlich. Erkläre.

③ Sammle weitere Abkürzungen für Kurzmitteilungen.
Lass die anderen Kinder raten, was sie bedeuten.

④ Welche Arten von Mitteilungen verwendest du regelmäßig?
Beschreibe.

⑤ Frage deine Eltern und Großeltern:
- Wie haben sie als Kinder Nachrichten aufgeschrieben?
- Was hat sich bis heute geändert? Vergleiche.

⑥ Welche Form der Mitteilung gefällt dir am besten? Begründe.

 Seite 109

– SCH beteiligen sich verständlich und zuhörerbezogen an Gesprächen: erzählen und berichten
– SCH benennen die Gründe für ihr Nicht-Verstehen
– SCH beschreiben und vergleichen Aspekte konzeptioneller Mündlichkeit und Schriftlichkeit

Mitteilungen schreiben

Schreiben

_____ ,
vielen Dank für das Reparatur-Handbuch
zu meinem ferngesteuerten Auto.
Nun funktioniert es wieder.
Mit freundlichen Grüßen
_____

_____ ,
ich brauche ein neues Vokabelheft für Englisch. Und mein Müsli ist alle. Danke!
Bussi,
_____

| Lehrer | Freund | Bürgermeister | Onkel | Oma |
| Firma Spieleautos | | Schwester | Schulleiterin | Mama |

① Sieh dir alle Texte noch einmal genau an.
An wen würdest du welchen Text schreiben? Begründe.

| Sehr geehrte Damen und Herren | | Hey du | | Dein |
| Ihr | Lieber Hannes | Hallo | Mama | Hi |

② Wähle eine Nachricht aus. Ergänze eine passende Anrede und Grußformel. Schreibe auf. Unterschreibe mit deinem Namen.

③ Lies deinem Partner den vollständigen Text vor.
Passt alles zusammen?

④ Schreibe eine eigene Mitteilung.

- SCH schreiben adressatenbezogen
- SCH verfassen eigene informierende, beschreibende Texte (Mitteilungen)

Eine E-Mail schreiben

Schreiben

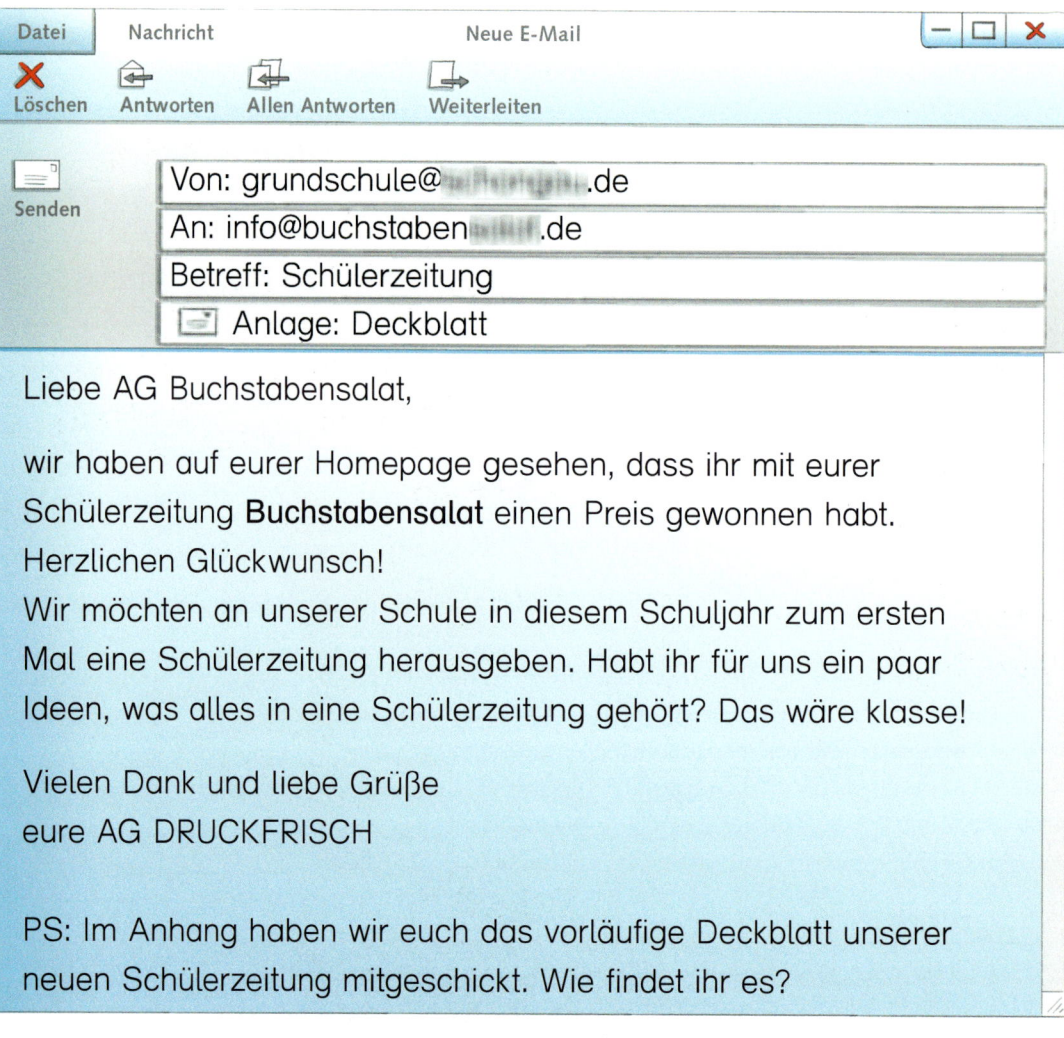

Liebe AG Buchstabensalat,

wir haben auf eurer Homepage gesehen, dass ihr mit eurer Schülerzeitung **Buchstabensalat** einen Preis gewonnen habt. Herzlichen Glückwunsch!
Wir möchten an unserer Schule in diesem Schuljahr zum ersten Mal eine Schülerzeitung herausgeben. Habt ihr für uns ein paar Ideen, was alles in eine Schülerzeitung gehört? Das wäre klasse!

Vielen Dank und liebe Grüße
eure AG DRUCKFRISCH

PS: Im Anhang haben wir euch das vorläufige Deckblatt unserer neuen Schülerzeitung mitgeschickt. Wie findet ihr es?

Aha Seite 109

① Lies den Text. Sprecht darüber.

| der Betreff | die Grußformel | der Text | die Anlage |
| der Absender | die Anrede | der Empfänger | |

AH Seite 32

② Die E-Mail hat einen besonderen Aufbau. Schreibe ihn geordnet auf.

③ Schreibe eine mögliche Antwort-Mail der AG Buchstabensalat auf.

④ Hast du schon einmal eine E-Mail bekommen oder geschrieben? Erzähle.

– SCH ziehen typische Elemente aus informierenden Texten (E-Mail) heran
– SCH verfassen eigene informierende, beschreibende Texte (E-Mail)

52

Eine E-Mail korrigieren

Schreiben

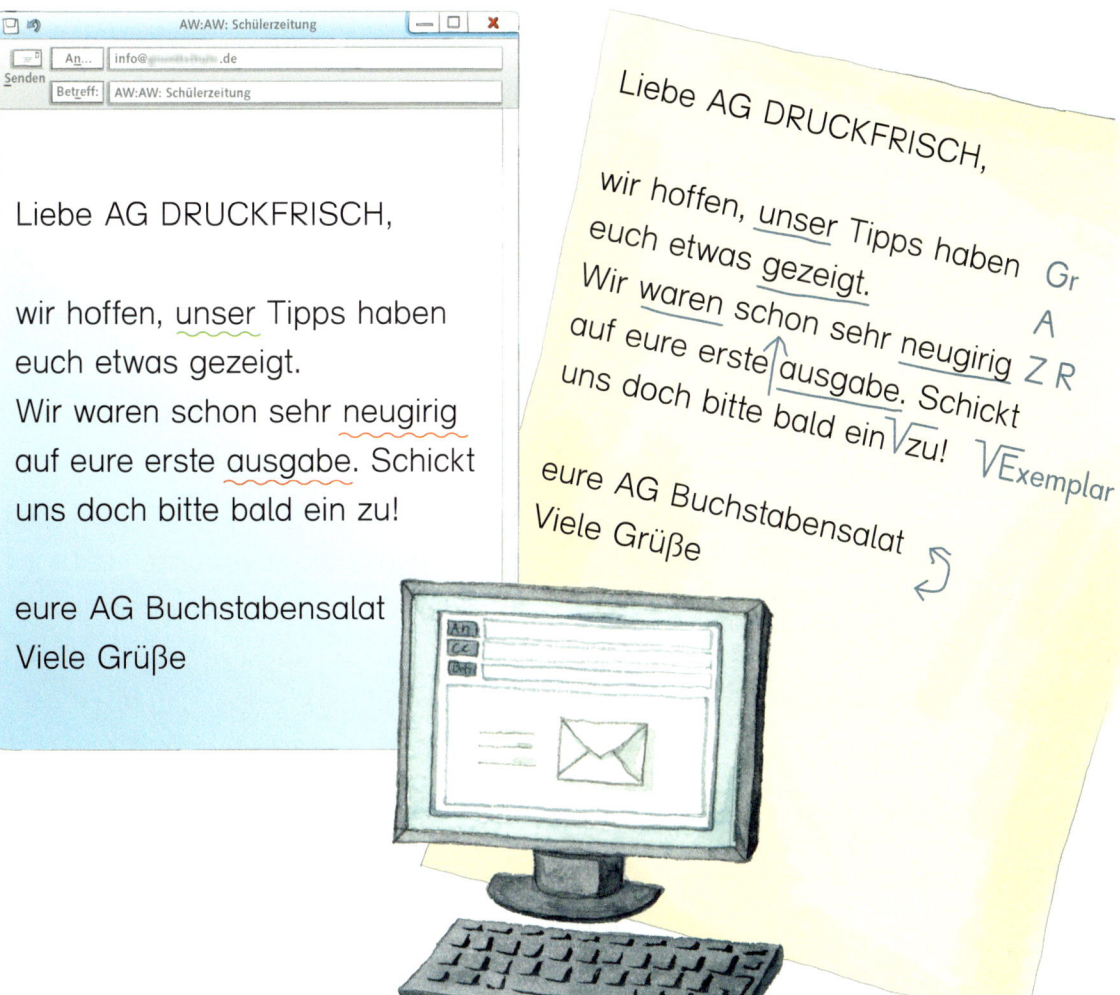

① Lies den Entwurf der Antwort-Mail.

② Der Text ist einmal mit dem Computer und einmal mit der Hand korrigiert worden. Vergleiche.

③ Finde Erklärungen zu den Korrekturzeichen.
Erstelle eine Liste.

Korrekturzeichen	Erklärung
Gr	Der Satz stimmt so nicht.

④ Schreibe die überarbeitete Antwort-Mail auf.

⑤ Gib einem Partner deine eigene Antwort-Mail zum Lesen.
Verwendet die Korrekturzeichen, um den Text zu verbessern.

⑥ Überarbeite deine Antwort-Mail.

 Seite 125

– SCH überarbeiten eigene Texte mit Rechtschreibhilfen des Computers
– SCH gestalten Texte zweckmäßig, übersichtlich und ansprechend, ggf. mithilfe des Computers

Subjekt als Satzglied erkennen

Sprache untersuchen

> Aufgabenverteilung für die nächste Ausgabe
> der Schülerzeitung DRUCKFRISCH
>
> Leni: Buchvorstellung schreiben
> Egzon und Olaf: Interview mit dem Hausmeister abtippen
> Miriam und Vincent: Kreuzworträtsel machen
> Frau Reisch: buntes Papier für das Deckblatt besorgen
> Ferdinand: Deckblatt malen
> Adam: Umfrageergebnisse zu den neuen Pausengeräten als Grafik zeichnen
> alle: Witze bei Mitschülern sammeln

① Lies die Aufgabenverteilung für die nächste Schülerzeitung.

② Schreibe Fragen auf: <u>Wer</u> schreibt eine Buchvorstellung?

③ Tausche die Fragen mit deinem Partner.
Schreibt eure Antworten auf: Leni schreibt eine Buchvorstellung.

④ Unterstreiche das Subjekt im Antwortsatz:
<u>Leni</u> schreibt eine Buchvorstellung.

 Seite 58

| das Internet | | der Computer | | die Zeitung |

▭ erleichtert den Kinder die Arbeit für
die Schülerzeitung. Schnell sind alle Texte darauf getippt.
Auch ▭ ist eine große Hilfe. Hier finden die Schüler
rasch Informationen für ihre Geschichten.
▭ liefert ebenfalls immer wieder nützliche Dinge. Darin
können die Kinder Nachrichten über aktuelle Themen in ihrem Ort lesen.

⑤ Welche verschiedenen Medien sind hier gemeint?
Stelle die Frage nach dem Subjekt, um die passende Antwort
zu finden: <u>Wer</u> oder <u>was</u> ...?

 Seite 33

⑥ Schreibe den Text auf.
Unterstreiche in jedem Satz das Subjekt.

– SCH bestimmen das Subjekt

54

Wortfamilien bilden

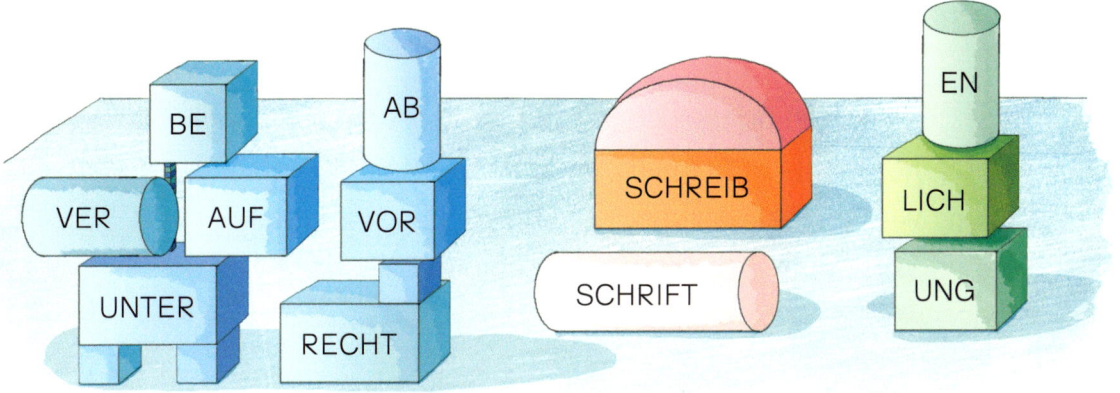

① Setze mit den Wortbausteinen möglichst viele Wörter zusammen.
　Schreibe sie auf.

② Vergleicht eure Ergebnisse.
　Gibt es dein Wort tatsächlich? Was bedeutet es?

③ Was haben alle Wörter gemeinsam? Erkläre.

④ Finde weitere Wörter der Wortfamilie **schreiben**.

⑤ Bilde mit einigen Wörtern Sätze. Unterstreiche den Wortstamm.

Sprache untersuchen

! Seite 58

---

wissen	tatsächlich	Wissenschaft	Tatsache
tun	Verlauf	Zahl	vorläufig
unzählig	bewusst	laufen	zahlen

⑥ Ordne die Wörter und schreibe sie auf. Erkläre deine Ordnung.

⑦ Unterstreiche jeweils den gleichen Wortstamm mit einer Farbe.

⑧ Finde weitere Wörter zu jeder Wortfamilie.
　Verwende dein Wörterbuch.

⑨ Sammle Wörter für eine neue Wortfamilie.
　Lass deinen Partner den Wortstamm unterstreichen.

 Seite 34

 Seite 115

| das Getränk | tatsächlich | tief | die Tiefe |
| trinken | tun | die Zahl | zahlen |

— SCH bilden Wortfamilien und beschreiben Auffälligkeiten

Wörter mithilfe des Computers korrigieren

Richtig schreiben

Vor ungefähr 90 Jahren gab es die ersten Fernsehgerete.
Heute hat fast jede Familie mindestens einen Komputer zu Hause.
Damit werden viele Dinge imer leichter. Doch zum Glük
können bislang auch die neuen Medien nicht alles:
Oder wer list dir abends im Bett noch eine Geschichte vor?

① Lies den Text.

② Was hat der Computer mit dem Text gemacht? Erkläre.

 Seite 35

1. Öffne das Schreibprogramm.    2. Schreibe den Text aus dem Buch ab.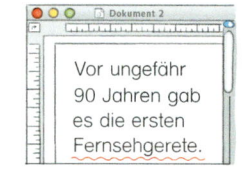

3. Setze den Mauszeiger mit der rechten Maustaste in ein rot unterringeltes Wort. 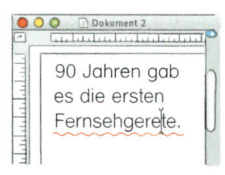   4. Lies die Vorschläge für die richtige Schreibung.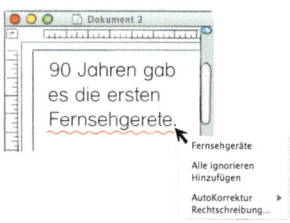

5. Klicke mit der linken Maustaste auf das richtig geschriebene Wort.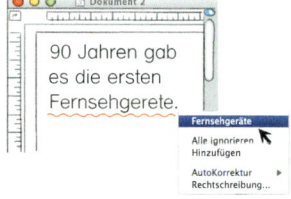

③ Lies die Schritte. Erkläre einem Partner, wie er vorgehen muss.

④ Schreibe den Text auf dem Computer. Verbessere die Fehler.

Aha Seite 125

 die Pitsa    der Sent    der Klaun

⑤ Bei diesen Wörtern macht der Computer keine passenden Vorschläge. Was hilft dir, diese Wörter richtig zu schreiben?

– SCH überarbeiten eigene Texte mit Rechtschreibhilfen des Computers

Fremdwörter schreiben

Richtig schreiben

der Clown   das T-Shirt   die Jeans
der Joghurt   das Baby
das Theater   die Pizza   der Christbaum

 Seite 116

① Sprich die Wörter deutlich. Was fällt dir auf?

② Schreibe die Wörter auf.

Womit kann man telefonieren?
Womit kann man die Temperatur messen?
Womit kann man bezahlen?
Womit kann man kuscheln?

③ Löse die Rätsel. Schreibe die Wörter auf.

④ Was hilft dir dabei, diese Wörter richtig zu schreiben? Erkläre.

---

eine Pilotenkabine im Flugzeug

die Wiederverwertung von Müll

eine flüchtige Zeichnung

der Pharao   die Premiere   die Skizze
das Cockpit   das Recycling

die Erstaufführung eines Theaterstücks

ein König im alten Ägypten

⑤ Was bedeuten die Fremdwörter? Ordne zu.

 Seite 36

⑥ Wo findest du sonst Erklärungen für unbekannte Wörter?

⑦ Aus welchen Sprachen kommen die Wörter?

das **Baby**   der **Cent**   der **Christ**   das **Handy**
die **Pizza**   die **Skizze**   der **Teddy**   das **Thermometer**

– SCH schreiben häufig gebrauchte Wörter mit nicht-regelhaften Rechtschreibbesonderheiten richtig (Fremdwörter)

Schlau geübt

Wortfamilien bilden

spielen   malen   kaufen   sprechen

① Finde zu jedem Verb weitere Wörter aus der Wortfamilie.
Du kannst ein Wörterbuch verwenden. Schreibe auf.

② Vergleiche die Wortfamilien.
Bei einigen Wörtern fällt es dir leicht, die Wortfamilie zu bilden, bei anderen ist es schwerer. Erkläre.

Wörter, die einen gemeinsamen Wortstamm haben, gehören zu einer **Wortfamilie**.
Der Wortstamm wird meist gleich geschrieben.
denken, der Ge**dank**e, nach**denk**lich

Subjekt als Satzglied erkennen

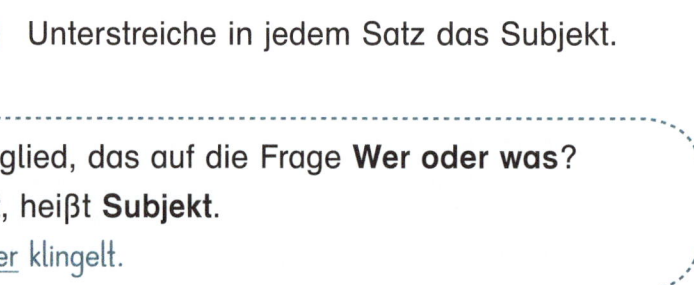

③ Ergänze die Werbesprüche. Schreibe sie auf.

④ Stelle die Frage nach dem Subjekt.

⑤ Unterstreiche in jedem Satz das Subjekt.

Seite 37

Das Satzglied, das auf die Frage **Wer oder was?** antwortet, heißt **Subjekt**.
<u>Der Wecker</u> klingelt.

– SCH bilden Wortfamilien und beschreiben Auffälligkeiten
– SCH bestimmen das Subjekt

Fremdwörter schreiben

1. neugeborenes Kind
2. italienisches Essen
3. Gerät, um Himmelsrichtungen herauszufinden
4. Ort, an dem Schauspieler arbeiten
5. Gerät, um Temperaturen zu messen
6. Viereck mit vier gleich langen Seiten

① Lies die Rätsel.

② Wie bist du vorgegangen? Finde die Lösungswörter.
Schreibe auf: Ein ▬▬▬▬ ist ein neugeborenes Kind.

Seite 37

Verrückte Medienwelt

Für einige Medien gibt es unterschiedliche Begriffe.
So kann man zum Fernseher auch **TV** oder **Mattscheibe** sagen.
Manche Leute sagen aber einfach **Glotze** oder **Röhre** dazu.
Selbst die Nachrichten werden bei uns immer häufiger
auf Englisch als **News** bezeichnet. Die Leute, die für diese
Nachrichten die Informationen sammeln, nennt man
Reporter oder **Journalisten**. Und genauso meinen die Begriffe
Tageblatt und **Zeitung** das Gleiche. Es ist also gar nicht so leicht,
sich in der Welt der Medien zurechtzufinden.

③ Schreibe den Text mit dem Computer.

④ Verwende das Rechtschreibprogramm, um Fehler zu vermeiden.

Aha Seite 125

| der **Fernseher** | die **Information** | die **Leute** |
| die **Medien** | die **Nachricht** | **unterschiedlich** |

- SCH schreiben häufig gebrauchte Wörter mit nicht-regelhaften Rechtschreibbesonderheiten richtig (Fremdwörter)
- SCH überarbeiten eigene Texte mit Rechtschreibhilfen des Computers
- SCH üben Rechtschreibung am Grundwortschatz

Wo wir wohnen

Sprechen und Zuhören

Amberg (Oberpfalz)

Lindau (Schwaben)

Wollaberg (Niederbayern)

Nationalpark Berchtesgaden (Oberbayern)

Pottenstein (Oberfranken)

Fürth (Mittelfranken)

Aschaffenburg (Unterfranken)

 Seite 108

1. Sieh dir die Bilder an. Wo wärst du am liebsten?

2. Mache ein Foto oder male ein Bild von dir auf deinem Lieblingplatz in deinem Ort.

3. Erzähle einem Partner zu deinem Bild. Denke dabei an deinen Zuhörer.
   - Was ist für ihn wichtig?
   - Was ist dir besonders wichtig?

> Mir gefällt hier, dass ...
> Hier kann ich gut ...

4. Schreibe auf, was dein Partner über seinen Lieblingsort erzählt hat.

5. Hat dein Zuhörer alles richtig aufgeschrieben? Vergleicht.

 Seite 110

6. Erzähle zu deinem Bild vor der Klasse.

– SCH wenden ihre Aufmerksamkeit auf das Gesagte (Schlüsselwörter und Kernaussagen notieren)
– SCH beteiligen sich an Gesprächen: begründen
– SCH erbitten und geben wertschätzende Rückmeldung zu Redebeiträgen

Seine Meinung begründen

Schreiben

① Wähle eines der Bilder aus. Stell dir vor, du lebst auf dem Land oder in der Stadt. Was gefällt dir daran? Schreibe auf.

Aha Seite 122

② Tausche deine Notizen mit einem Partner, der das gleiche Bild gewählt hat.

③ Ordnet eure Gründe.

⬆ wichtigster Grund
   am wenigsten wichtiger Grund

⬇ am wenigsten wichtiger Grund
   wichtigster Grund

④ Wechsle deinen Standpunkt.
Schreibe auf, was dir am anderen Bild gefällt. Tauscht euch aus.

Ich lebe gerne auf dem Land, weil
- ich jeden Mittag raus kann zum Spielen
- ich alle Nachbarn kenne

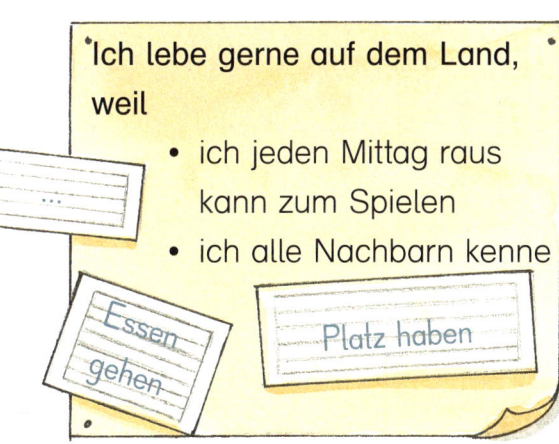

Ich lebe gerne in der Stadt, weil
- es viele Sportmöglichkeiten gibt
- es viele Läden in meiner Straße gibt

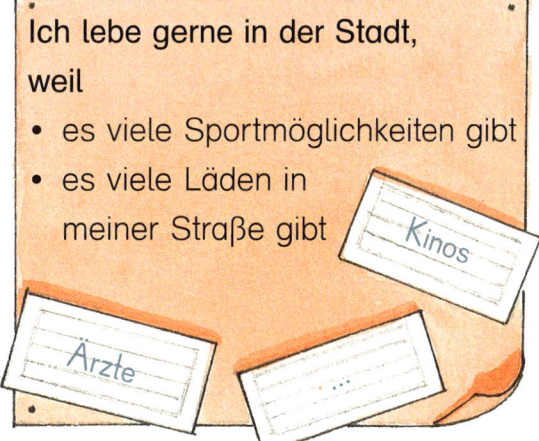

⑤ Wähle einen Standpunkt aus.
Erstellt in der Gruppe zu eurem Standpunkt ein Plakat.

– SCH sammeln und ordnen Gründe und Beispiele zu einer Position, die sie vertreten
– SCH nutzen beim Schreiben eigener argumentierender Texte entsprechende Textvorbilder

Einen Text planen und schreiben

Schreiben

Die glühenden Pfennige

Als die fromme Kaiserin Kunigunde den Dom zu Bamberg bauen ließ, wurde den Werkleuten der Lohn jeden Abend ausbezahlt. Täglich gab die Kaiserin ihrem Schaffner eine Schüssel mit Silberpfennigen. Daraus konnte sich jeder Arbeiter nach Feierabend seinen Lohn nehmen. Eines Abends klagte der Schaffner, es müsse ein Dieb unter dem Bauvolk sein, denn das Geld reiche nicht aus. Immer war die Schüssel leer, bevor der letzte Arbeiter seinen Lohn entnommen hatte. Da trug die Kaiserin eines Abends die Schüssel selbst zur Baustelle …

① Schau dir das Bild an. Vermute, was geschieht.

② Lies den Text.

③ Finde andere Texte, in denen eine Sage oder Legende erzählt wird. Stellt eure Ergebnisse vor.

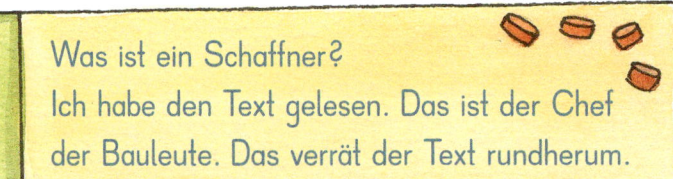

Was ist ein Schaffner?
Ich habe den Text gelesen. Das ist der Chef der Bauleute. Das verrät der Text rundherum.

④ Einige Wörter sind ungewöhnlich. Suche Erklärungen.

⑤ Wie könnte der Text enden? Tauscht eure Ideen aus.

⑥ Wie würdest du über den Text erzählen, berichten oder informieren? Schreibe den gesamten Text in deinen Worten auf.

Seite 38

Seite 121

– SCH nutzen Methoden zur Sammlung und Ordnung von Informationen, Begründungen und Schreibideen
– SCH erstellen, auch im Austausch mit anderen, Sammlungen für eigene Texte

Einen Text überarbeiten

Schreiben

Arbeitslos

Ich arbeite für meine Kinder, weil sie sehr krank sind und Hunger haben. Deshalb habe ich Geld geklaut. Eigentlich will ich nicht klauen. An diesem Tag hat die Kaiserin Kunigunde die Schüssel bewacht. Ich habe wieder etwas mehr Geld genommen. Als die Pfennige in meiner Hand geglüht haben, habe ich mich verraten gefühlt. Seitdem habe ich eine große Narbe. Durch die Narbe wird mir keine andere Arbeit gegeben, weil jetzt jeder weiß, dass ich ein Dieb bin.
Jetzt müssen meine Kinder leiden. Deswegen bin ich sehr traurig, weil ich meine Kinder sehr lieb habe. Es war mir eine Lehre! Ich werde es nie wieder tun.

Angela

Dieb am Domplatz gefasst

Gestern am Montag, dem 10.06.1614, wurde ein Dieb gefasst.
Er wurde erwischt. Es war ein gemeiner Trick. Der Dieb war der Kaiserin schon vorher aufgefallen, als er sich verbeugte.
Danach griff er in die Schüssel und nahm sich mehr Lohn, als erlaubt war.
An den zu viel genommen Pfennigen verbrannte er sich die Hand. Damit wurde der Dieb überführt und gefasst.
Er bekam ein Brandmal, das ihm bis an sein Lebensende bleiben wird. Das Gericht entschied, dass der Dieb für sechs Jahre ins Gefängnis kam.

Duc

(1) Lies die Texte. Tauscht euch aus.

Aha Seite 111

Liebe Angela,
mir gefällt wie du ....
Aber ...

(2) Wähle einen Text aus und schreibe dem Kind einen Brief.
Schreibe auf, was du gut findest und was du verändern würdest.

(3) Lest eure eigenen Texte in der Gruppe.
Schreibt euch gegenseitig Briefe.

(4) Überarbeite deinen Text.

(5) Die Geschichten wurden früher im Dialekt auf den Marktplätzen vorgetragen. Erzähle deine Geschichte in deiner Mundart.

Aha Seite 110

— SCH geben Anregungen und Hilfestellungen für Texte, heben Stärken und gelungene Elemente hervor
— SCH nehmen zentrale Anregungen für die Überarbeitung auf, setzen sich ein konkretes Überarbeitungsziel
— SCH setzen ihre Sprechabsichten in der persönlichen Sprachvarietät um (z. B. Dialekt)

Sprache untersuchen

Die zweite Vergangenheit erkennen

Im Kloster Tegernsee auf dem Leeberg sieht man den Reichtum der früheren Zeit. Denn im Mittelalter zahlte jeder Bürger Steuern an das Kloster. Ein Gmundner Bauer hatte einmal kein Geld. Deshalb schnitt er für seine Schulden im Kloster Holz klein. Am Ende war der Bauer sehr stolz auf seinen Holzhaufen.
Er sagte zum Abt: „Gell, so was Großes ist dir noch nie in deinem Leben begegnet!"
Da führte ihn der Abt unter den Leeberg.
Der Bauer stand plötzlich vor einem riesigen Berg aus Gold.
Der Abt lachte: „Gell, so was Großes hast du auch noch nicht gesehen!"
Dann schenkte er dem fleißigen Bauern etwas von seinem Gold.

① Lies den Text.

② Schau dir die Verben an. Was fällt dir auf? Erkläre.

 Seite 69

③ Ordne die Verben in einer Tabelle.
Finde für jede Spalte eine passende Überschrift.

?	?	zweite Vergangenheit
er sieht		

④ Erkläre deine Ordnung.

⑤ Schreibe jedes Verb in allen Zeitformen auf.

 Seite 116

⑥ Vergleiche die Verben in der ersten und in der zweiten Vergangenheit. Bei vielen Verben fällt es dir leicht, die Vergangenheitsformen zu bilden, bei anderen ist es schwerer. Erkläre.

| vor vielen Jahren
im Frühling
gestern   immer | Maibaum
Dorf   Fest
Überraschung | stehlen   holen
gehen   schleichen
finden   feiern |

⑦ Lies die Wörterkästen. Was könnte passiert sein?

 Seite 39

⑧ Schreibe deinen Text auf.

— SCH verwenden Verben in den verschiedenen Zeitformen in angemessener Weise (Perfekt)

Prädikat als Satzglied erkennen

Sprache untersuchen

Die Ärztin	leitet	die Patienten.
Der Lehrer	sortiert	die Schulkinder.
Die Postbotin	regelt	die Briefe.
Der Polizist	hält	den Verkehr.
Die Bürgermeisterin	besucht	die Gemeinde.
Der Pfarrer	unterrichtet	die Predigt.

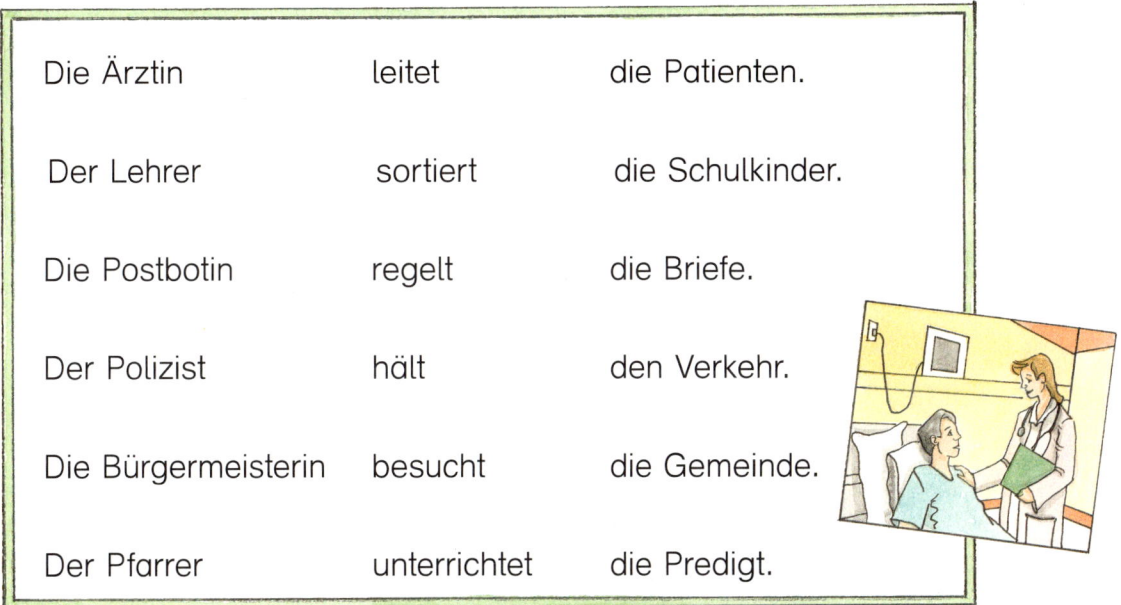

① Lies die Sätze. Hier stimmt etwas nicht. Erkläre.

② Was tun die Personen wirklich? Schreibe auf.
<u>Was</u> tut die Ärztin? Die Ärztin besucht die Patienten.

③ Unterstreiche das Prädikat im Antwortsatz:
Die Ärztin <u>besucht</u> die Patienten.

 Seite 68

 Seite 40

Wer oder was?	Was tut?	Wann?	Wo?
SUBJEKT	PRÄDIKAT	ZEITANGABE	ORTSANGABE
Der Straßendienst Die Blumenverkäuferin	hüpft	morgens	auf dem Fußballplatz.

④ Du kannst lustige Sätze erfinden. Erkläre das Spiel einem Partner.

⑤ Spielt das Knickspiel.

⑥ Lest euch eure Sätze gegenseitig vor.
Stellt die Frage nach dem Prädikat.

> bleiben   brauchen   fallen   gehen
> gehören   tragen   weinen   wünschen

— SCH beschreiben die Abhängigkeit der Satzglieder vom Prädikat

Richtig schreiben

Wörter mit ie schreiben

Kirche – kriechen
bitte – Biene
Finger – Fliege
springen – spielen
Zimmer – Ziege
Ding – Dieb
Mitte – mieten

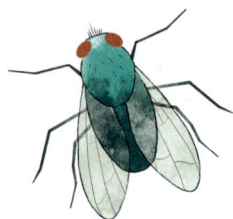

(1) Sprich die Wortpaare deutlich.

(2) Schreibe die Wortpaare auf.
Zeichne die Silbenbögen ein.

! Seite 68

(3) Was fällt dir auf? Tausche dich mit einem Partner aus.

(4) Ein Wortpaar ist anders. Begründe.

Aha Seite 117

(5) Was hat dir geholfen, auch dieses Wortpaar richtig zu schreiben? Erkläre.

Was ist das Gegenteil von böse?   Was trägt man am Finger?
Was ist das Gegenteil von stumpf?   Was bringt der Postbote?
Was ist das Gegenteil von hoch?   Was singt man?
Was bläst oft im Herbst?   Was ist das Gegenteil von wenig?
Was malt der Maler?   Womit schreibt man?

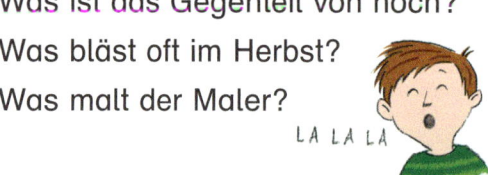

(6) Lies die Rätsel. Schreibe sie mit der Lösung auf.

 Seite 41

(7) Suche zu jeder Antwort die zweisilbige Form.
Schreibe auf: lieb – die liebe Katze

(8) Schreibe eigene Rätsel zu Wörtern mit **i** oder **ie**.
Lass deinen Partner raten.

– SCH verbinden ein- und zweisilbige Wortformen, um die Schreibung ie/i abzuleiten
– SCH nutzen Silben und Klangunterschiede, um sich <ie> als regelhafte Schreibung zu erschließen

Wörter mit X/x, ks und chs schreiben

Richtig schreiben

links   boxen   die Büchse

das Gewächs   mixen   das Wachs   Xaver

sechs   wechseln   der Keks   die Axt

der Text   der Dachs   die Hexe

① Sprich die Wörter deutlich. Sie haben etwas gemeinsam. Erkläre.

② Lege eine Tabelle an und ordne die Wörter. Begründe.

③ Gib jeder Spalte eine Überschrift.

④ Unterstreiche die besondere Stelle.

 Seite 79

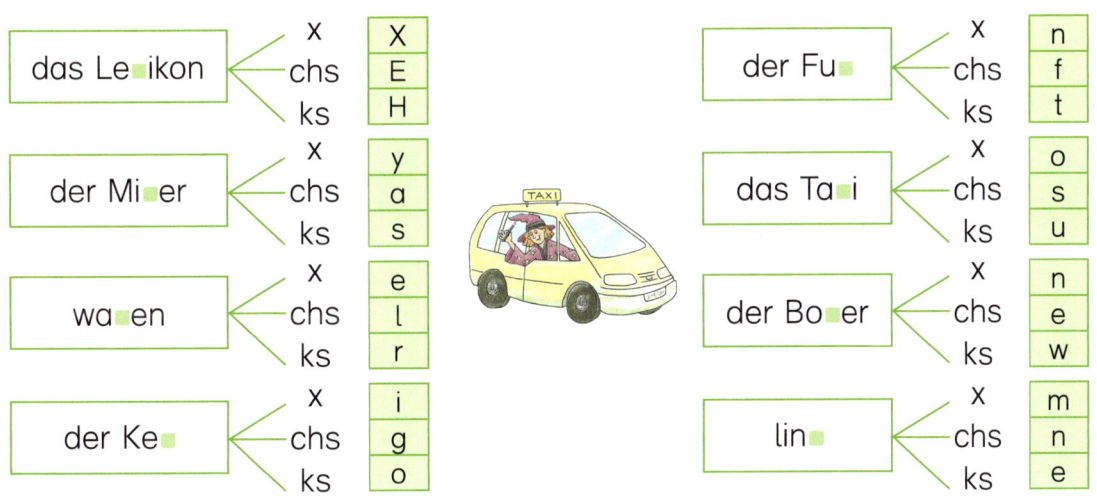

⑤ Suche diese Wörter in der Wörterliste oder im Wörterbuch. Schreibe sie auf. Unterstreiche die besondere Stelle.

⑥ Schreibe das Lösungswort auf.

 Seite 42

boxen   die Hexe   der Keks   das Lexikon   links
sechs   das Taxi   der Text   wachsen   das Xylofon

— SCH schreiben Wörter mit nicht-regelhaften Rechtschreibbesonderheiten richtig (Wörter mit x, chs, ks)

Schlau geübt

Prädikat als Satzglied erkennen

JUSTIN	IN DER STADT		GERN
ZUR ARBEIT	DIE MUTTER	SCHNELL		MORGENS
SARA		OPA	BEI DEN HAUSAUFGABEN	HÄUFIG
NACHMITTAGS		AUF DEM TRAMPOLIN	SÜEDA
MAX UND JO	ZUSAMMEN	IM FUßBALLVEREIN	

① Ergänze die Sätze. Schreibe sie vollständig auf.

② Welches Satzglied hast du ergänzt?

③ Stelle die Frage nach dem Prädikat. Schreibe sie auf.
Was tut Justin?

④ Unterstreiche das Prädikat im Antwortsatz.
Justin wohnt gern in der Stadt.

> Das Satzglied, das auf die Frage **Was tut?** antwortet, heißt **Prädikat**.
> Der Wecker klingelt.

Wörter mit ie schreiben

i oder ie?

es z■ht   das S■b   t■f   das D■ng   der Br■f   fl■nk
sie spr■ngt   das K■nd   er s■ngt   der D■b   v■l   l■b

⑤ Suche zu jedem Wort die zweisilbige Form. Ergänze **i** oder **ie**.
Schreibe auf: zie hen — es zieht

> Endet die Silbe mit einem ⓘ, so schreibe ich meist **ie**.
> Ich höre das ⓘ lang.
> sie gen, sin gen
> lieb – lie ben, links

— SCH beschreiben die Abhängigkeit der Satzglieder vom Prädikat
— SCH verbinden ein- und zweisilbige Wortformen, um die Schreibung ie/i abzuleiten

Die zweite Vergangenheit erkennen

wohnen   gehen   leben   fahren   lernen
fließen   bauen   sehen   sprechen   spielen

1 Lege eine Tabelle an. Gib jeder Spalte eine Überschrift.
Schreibe jedes Verb in allen Zeitformen auf.

?	?	erste Vergangenheit	?
wohnen	er wohnt	?	er hat gewohnt

Aha Seite 116

2 Überprüfe mit der Wörterliste.

> Verben sagen, wann etwas geschieht.
> Wenn etwas schon vorbei ist, nennt man es Vergangenheit.
> **Die zweite Vergangenheit** verwendest du meist, wenn du sprichst:
> sagen, ich sage, ich habe gesagt
> gehen, ich gehe, ich bin gegangen

Das neue Versteck

■aver muss nur lin■ abbiegen und se■ Häuser weitergehen,
um zur neuen Pra■is seines Vaters zu kommen.
Der ist nämlich Arzt. Deshalb sind sie auch vom Land in die Stadt
gezogen. Im Dorf war Ma■ sein bester Freund. Sie hatten
ihr Geheimversteck im Wald hinter dem verlassenen Fu■bau.
Dort hatten sie auch immer einen Vorrat an Ke■en in einer Bü■e.
Nun werden sie zusammen ein neues Versteck suchen müssen,
wenn Ma■ bald zu Besuch in die große Stadt kommt.

3 Schreibe den Text ab. Ergänze **x**, **chs** oder **ks**.

der Arzt   deshalb   das Dorf   dort   der Fuchs
kommen   das Land   der Vater   ziehen   zusammen

− SCH üben Flexionsformen und Präteritumsformen von Verben
− SCH schreiben Wörter mit nicht-regelhaften Rechtschreibbesonderheiten richtig (Wörter mit x, chs, ks)
− SCH üben Rechtschreibung am Grundwortschatz

Technik um uns herum

Sprechen und Zuhören

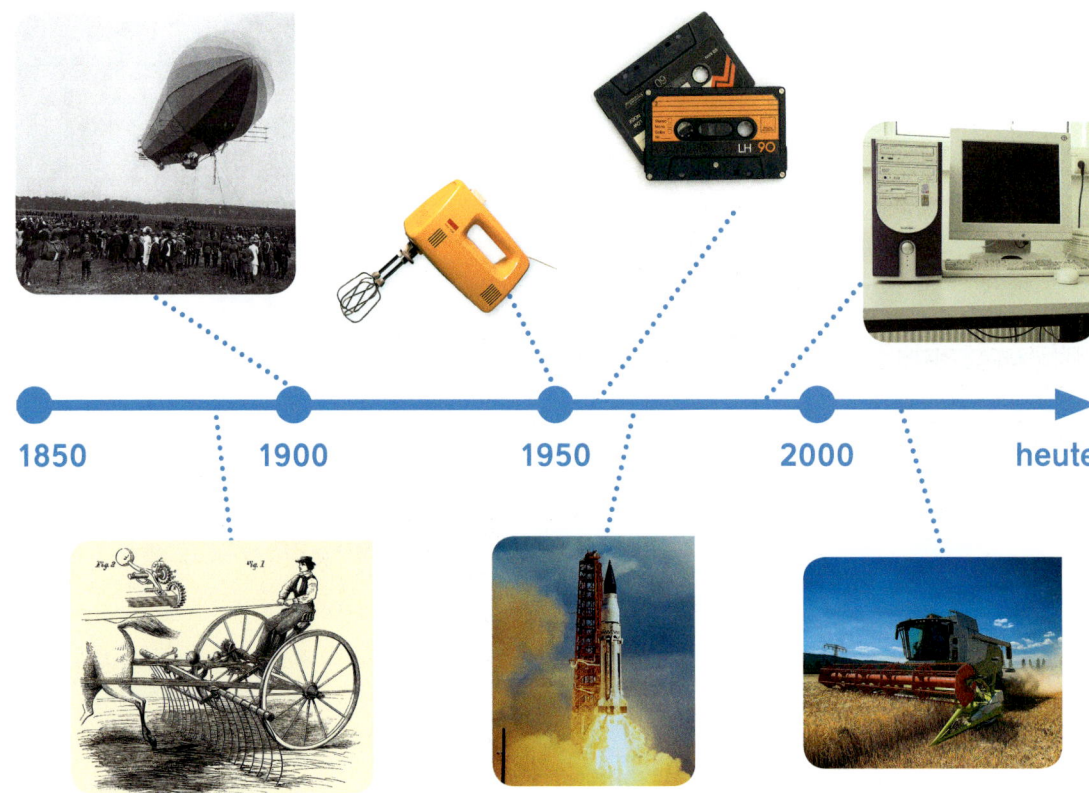

1850   1900   1950   2000   heute

① Schau dir die Bilder an. Welche Erfindungen kennst du?

 Seite 108

② Wofür interessierst du dich? Erzähle.

③ Was würdest du erfinden oder entwickeln? Begründe.

④ Sammelt Informationen zu diesen oder anderen Erfindungen. Stellt sie in der Klasse vor.

⑤ Berichte einem Partner zu den Bildern.

 Seite 109

⑥ Frage nach. Beantworte die Fragen deines Partners.

⑦ Die Entwicklung des Telefons ging immer schneller voran. Auch heute gibt es immer wieder neue Geräte. Berichte, was du weißt.

⑧ Frage Erwachsene. Berichte in der Klasse.

– SCH beteiligen sich an Gesprächen: erzählen, berichten und begründen
– SCH benennen Gründe für ihr Nicht-Verstehen
– SCH bauen ihre Beiträge wirkungsvoll, nachvollziehbar und logisch auf

Ein Experiment beschreiben

die Pappkartonkiste

schwer

schieben

reiben

der Tennisball

rollen

ein Gewicht

die Energie

die Plastikkiste

umwandeln

Schreiben

1. Sieh dir die Bilder an. Beschreibe.

2. Welche Materialien benötigst du für den Versuch?
   Zeige und benenne alle Teile des Versuchsaufbaus. Schreibe auf.

3. Beschreibe, wie der Versuch aufgebaut ist.
   Verwende die Fachbegriffe. Dein Partner hört dir zu.

4. Überprüft, ob der Versuch nach eurer Beschreibung funktioniert.

5. Beschreibe einem Partner, was du bei dem Versuch beobachtet hast.
   Schreibe Stichpunkte auf.

6. Frage nach. Beantworte die Fragen deines Partners.

 Seite 108

– SCH verfassen eigene informierende, beschreibende Texte
– SCH achten auf eine reihende Darstellung (Arbeitsschritte bei einem Versuch)

Eine Versuchsbeschreibung schreiben

Schreiben

In der Schule haben wir einen Versuch gemacht. Zuerst haben wir alle Materialien für den Versuch hergerichtet. Wir haben alles ausprobiert.
Die Tennisbälle haben wir unter die Kiste gelegt. Als wir die Kiste geschoben haben, ging das leichter. Wenn die Dings frei wurden, haben wir sie auf der anderen Seite wieder unter die Kiste gelegt.
Wir haben ein Kind in die Kiste gesetzt. Auch dann funktionierte es.
Wir brauchten Tennisbälle und eine Kiste.

Versuchsbeschreibung

<u>Ich brauche:</u>
- eine Pappkiste
- Tennisbälle

<u>So gehe ich vor:</u>
Zuerst schiebe oder ziehe ich die leere Kiste über den Boden. Dann lege ich Tennisbälle unter …
Ich muss darauf achten …
Dann schiebe ich …
Das geht auch mit einem Gewicht.

<u>Das kann ich beobachten:</u>
…

<u>So kann man das erklären:</u>
Der Boden der Kiste liegt nicht mehr ganz auf dem Fußboden auf. Er hat nur noch an einigen Stellen Kontakt mit den Bällen. So wird die Reibung der Kiste auf dem Boden verringert. Sie lässt sich leichter schieben.

① Lies die Versuchsbeschreibungen.
- Was gefällt dir gut?
- Was gefällt dir nicht?
- Was möchtest du anders machen?

② Worauf musst du achten, wenn du eine Versuchsbeschreibung schreibst?

③ Schreibe deine eigene Versuchsbeschreibung.

④ Erkläre, wo man diesen Versuch nutzt.

Seite 44, 66

Seite 120

— SCH verfassen eigene informierende, beschreibende Texte und achten dabei auf eine reihende Darstellung (Arbeitsschritte bei einem Versuch)

Eine Versuchsbeschreibung überarbeiten

Schreiben

Du hast eine tolle Überschrift.

Du hast übersichtlich gegliedert.

*Schreibe besser **ich**.*

Das verstehe ich nicht.

Was siehst du noch?

> Reibungsenergie verringern
>
> Ich brauche: eine Kiste, große Bälle, ein Gewicht
>
> So gehst du vor:
> Ich muss die Kiste über den Boden ziehen. Vorher musst du Bälle unter die Kiste legen. Dann setzen wir einen Mitschüler in die Kiste. Das war lustig.
>
> Das kann ich beobachten:
> Die Kiste bewegt sich leichter.
>
> Bei Kugellagern ist das auch so. Es werden viele Kugeln zwischen einen Innenring und einen Außenring gelagert.
>
> Vincent

1. Welche Tipps haben die Kinder Vincent gegeben?

2. Welche Tipps hast du für Vincent? Schreibe auf.

3. Arbeitet in der Gruppe.
   - Tauscht eure Texte aus.
   - Gebt einander Tipps. Schreibt über den Rand.

4. Überarbeite deinen eigenen Text.

5. Stellt eure Texte in der Klasse aus.

Aha Seite 124

− SCH geben Anregungen und Hilfestellungen für Texte
− SCH nehmen zentrale Anregungen für die Überarbeitung auf und setzen sich dazu jeweils ein konkretes Überarbeitungsziel

Verben in den Vergangenheitsformen bilden

Sprache untersuchen

> sagen   sie schwimmt   du lachtest
> ich rief   du lachst   rufen   er sagte
> ich habe gerufen   lachen   er hat gesagt
> du hast gelacht   schwimmen   sie schwamm
> ich rufe   sie ist geschwommen   er sagt

(1) Lies die Wörter. Schreibe sie geordnet auf.

(2) Wie hast du geordnet? Erkläre.

 Seite 45

(3) Finde weitere Verben und ergänze sie in deiner Ordnung.

(4) Schreibe die Verben in einer anderen Personalform auf.

 Seite 116

(5) Manche Wörter findest du nicht gleich in der Wörterliste. Erkläre.

Viele Erfindungen

Viele Erfindungen erleichtern uns das Leben.
Mit einem Handquirl kann man einen Kuchenteig rühren.
Mit einem elektrischen Mixer geht das viel leichter.
Auch Sahne kann man damit schlagen.
Waschmaschinen waschen Wäsche leichter
und schneller als ein Waschbrett. Die Schreibmaschine
ermöglicht eine immer gleiche, gut lesbare, Schrift.
Ein Computer kann noch viel mehr.
Ein Tablet benutzt man zwar weniger zum
Schreiben, aber auch das kann es.
Mit zunehmendem technischen Fortschritt
werden immer schneller neue Ideen entwickelt.

(6) Lies den Text. Schreibe ihn auf. Unterstreiche die Verben.

(7) Schreibe den Text sinnvoll in der Vergangenheit auf. Unterstreiche die Verben.

 Seite 111

(8) Vergleicht eure Texte. Welche Änderung ist sinnvoll? Begründet.

– SCH üben Flexionsformen und Präteritumsformen von Verben
– SCH verwenden Verben in den verschiedenen Zeitformen in angemessener Weise

Adjektive steigern

Sprache unter- suchen

① Schau das Bild an. Beschreibe.

② Schreibe Vergleiche auf.

③ Unterstreiche die Wörter, die dir beim Vergleichen helfen. Erkläre.

Seite 78

| alt | ängstlich | deutlich | dunkel | fleißig | warm |
| gut | hart | heiß | kalt | kräftig | lang | leicht |

④ Steigere auch diese Adjektive: alt, älter, am …

⑤ Ein Wort ist anders. Erkläre.

| eckig | laut | schwer | eng | reich | tot |
| richtig | schnell | rund | schön | ärgerlich |

⑥ Steigere auch diese Adjektive. Was stellst du fest?

⑦ Wie kannst du auch bei diesen Wörtern die Wortart bestimmen? Erkläre.

 Seite 46

| alt | dumm | kräftig | lang | lieb |
| neu | reich | schlecht | schwer | stark |

– SCH wenden Strategien zum Erkennen von Adjektiven an (z. B. steigern)

75

Richtig schreiben

Wörter mit Doppelvokal schreiben

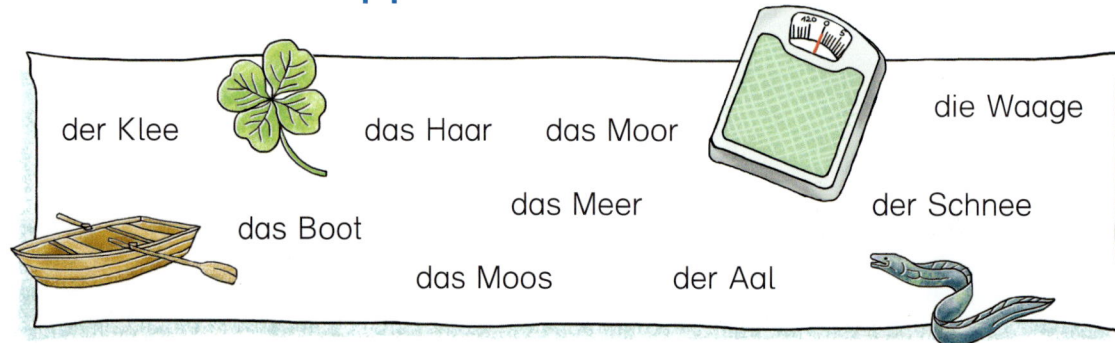

der Klee   das Haar   das Moor   die Waage
das Boot   das Meer   der Schnee
das Moos   der Aal

① Sprich die Wörter deutlich.

② Was haben alle Wörter gemeinsam? Sprecht darüber.

 Seite 79

③ Die Wörter haben eine besondere Stelle. Erkläre.

④ Ordne die Wörter. Unterstreiche die besondere Stelle:

aa	ee	oo
das H<u>aa</u>r	der …	…

 Seite 47

⑤ Schreibe mit jedem Wort einen Satz.

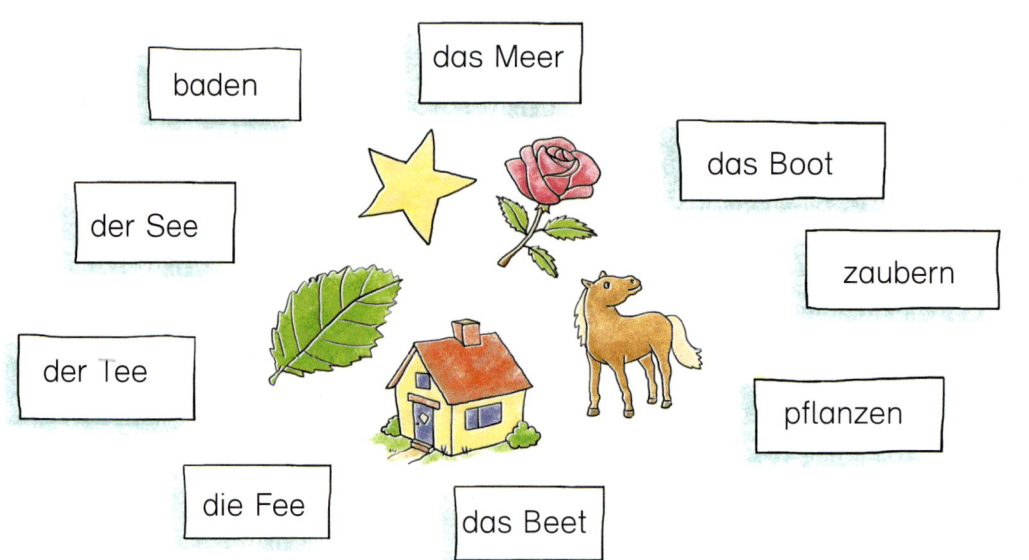

baden   das Meer   das Boot
der See   zaubern
der Tee   pflanzen
die Fee   das Beet

⑥ Was passt zusammen?
Bilde mit den Wörtern und den Bildern zusammengesetzte Nomen:
der Seestern, das Badeboot…

⑦ Erkläre die Bedeutung der Wörter.

⑧ Finde weitere zusammengesetzte Nomen:
das Boot: das Segelboot, der Bootssteg, …

— SCH schreiben Wörter mit nicht-regelhaften Rechtschreibbesonderheiten richtig (Wörter mit Doppelvokal)

Wörter mit i, in und ine schreiben

Richtig schreiben

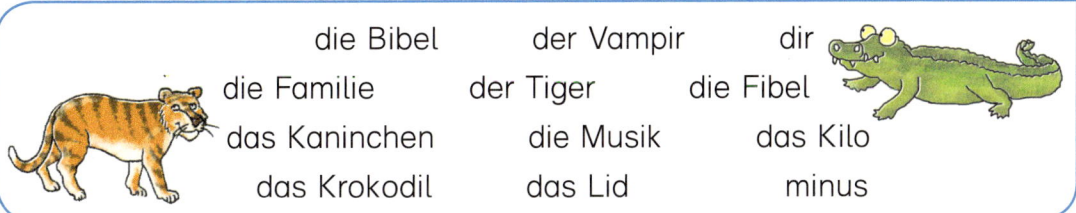

die Bibel   der Vampir   dir
die Familie   der Tiger   die Fibel
das Kaninchen   die Musik   das Kilo
das Krokodil   das Lid   minus

(1) Sprich die Wörter deutlich. Schreibe sie auf.

(2) Die Wörter haben etwas gemeinsam?
Unterstreiche die besondere Stelle.
Tausche dich mit einem Partner aus.

! Seite 79

(3) Schreibe Sätze mit den Wörtern.

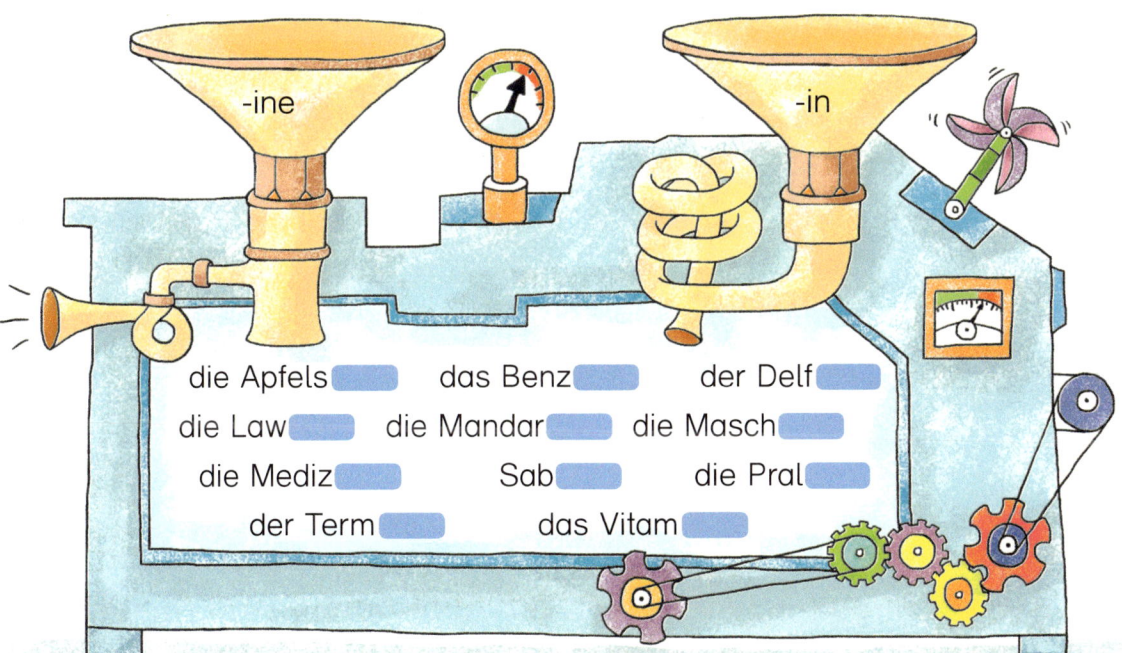

-ine   -in

die Apfels___   das Benz___   der Delf___
die Law___   die Mandar___   die Masch___
die Mediz___   Sab___   die Pral___
der Term___   das Vitam___

(4) Hänge den passenden Endbaustein an. Ordne die Wörter.
Markiere das **i**.

AH Seite 48

(5) Schreibe Rätsel zu den Wörtern.
Tauscht eure Rätsel aus und beantwortet sie.

der **Delfin**   das **Krokodil**   die **Maschine**   der **Tiger**
das **Haar**   das **Meer**   der **Schnee**   der **See**

– SCH schreiben Wörter mit nicht-regelhaften Rechtschreibbesonderheiten richtig (Wörter mit i)

Schlau geübt

Verben in den Vergangenheitsformen bilden

① Was könnte passiert sein? Schreibe auf: Letzte Woche gingen wir ...

② Unterstreiche in deinem Text alle Verben.

③ Schreibe jedes Verb mit einem Pronomen in allen Zeitformen auf.

AH Seite 49

Adjektive steigern

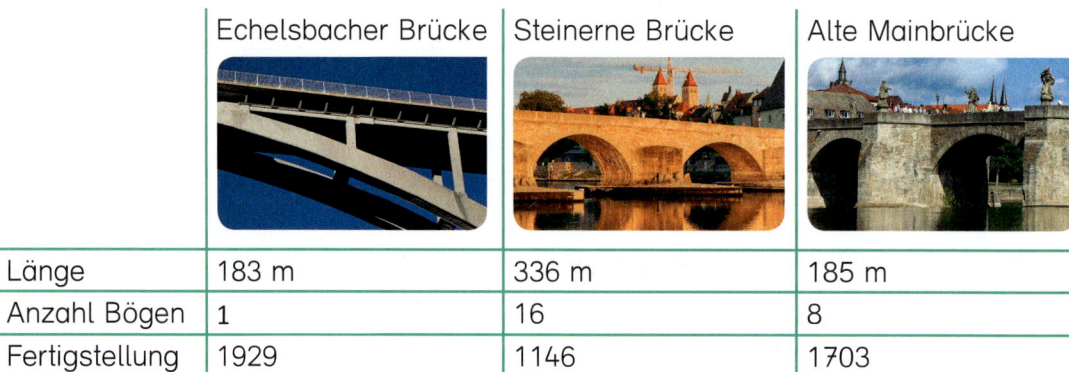

	Echelsbacher Brücke	Steinerne Brücke	Alte Mainbrücke
Länge	183 m	336 m	185 m
Anzahl Bögen	1	16	8
Fertigstellung	1929	1146	1703

④ Vergleiche die Brücken. Schreibe auf.

> KATZE   TATSÄCHLICH   JUNG   SPITZ   LAUFEN   HIER
> NEU   GUT   BOGEN   ZIEHEN   SCHÖN   HELL

⑤ Welche Wörter sind Adjektive? Begründe. Schreibe auf.

Adjektive sagen, wie ein Nomen ist. Ich kann sie zwischen Artikel und Nomen setzen. Die meisten Adjektive lassen sich **steigern**.
scharf, schärfer, am schärfsten
gut, besser, am besten

- SCH üben Flexionsformen und Präteritumsformen von Verben
- SCH verwenden Verben in den verschiedenen Zeitformen in angemessener Weise
- SCH wenden Strategien zum Erkennen von Adjektiven an (z. B. steigern)

Wörter mit Rechtschreibbesonderheiten schreiben

SEEMEERSCHNEEBEETKLEEHAARMOOSBOOTAALBANK

TIGERBIBERMEDIZINKROKODILLIFTDELFINMUSIKLID

1. In jeder Wörterschlange passt ein Wort nicht. Schreibe auf. Erkläre.
2. Ordne alle übrigen Wörter nach dem Alphabet. Schreibe sie auf.

> Bei manchen Wörtern muss ich mir eine **besondere Stelle** merken.
> Ich schreibe sie oft anders, als ich sie spreche: Wörter
> mit **chs**, **ks** oder **x**: der Fu**chs**, lin**ks**, das Ta**x**i
> mit **h**: erzä**h**len, das Ja**h**r, fa**h**ren
> nur mit **i**: der Tiger, die Maschine, die Familie
> mit **y**: das Bab**y**, das Hand**y**
> mit **zz**: die Pi**zz**a, die Ski**zz**e
> mit **Doppelvokal**: das Ha**a**r, das M**ee**r, der Schn**ee**, der S**ee**

Aha Seite 116

Kaum zu glauben, aber wahr!

Vor einigen Jahren hatte noch nicht jedes Familienmitglied in einem Haushalt ein eigenes Handy. Heute gibt es sogar 3-D-Maschinen, mit denen man sich seine eigene Handyhülle selbst drucken kann! Wenn wir von dieser Idee unseren Großeltern erzählen, schütteln sie den Kopf. Sie mussten Texte noch mit der Schreibmaschine tippen und Skizzen mit der Hand zeichnen. Heute erledigt all diese Dinge die Technik für uns. Sie erleichtert uns vieles und schenkt uns zu jeder Zeit Unterhaltung. Aber auch ein Roboter kann keinen wahren Freund ersetzen!

3. Schreibe den Text als Laufdiktat.

Aha Seite 113

| die Eltern | die Familie | der Freund | die Hand |
| die Technik | die Unterhaltung | wahr | die Zeit |

– SCH schreiben Wörter mit nicht-regelhaften Rechtschreibbesonderheiten richtig (Wörter mit Doppelvokal / mit i)
– SCH schreiben routiniert, zügig und fehlerlos von einer Vorlage ab
– SCH üben Rechtschreibung am Grundwortschatz

79

Lesen, lesen, lesen

Sprechen und Zuhören

"Ein dickes Buch zu lesen ist ein tolles Gefühl: Ich lerne dabei immer irgendetwas."

"Ich lese gern auf dem E-Reader, weil ich den immer mitnehmen kann."

"Ich lenke mich durch Bücher ab, wenn ich zum Beispiel Angst vor Proben habe."

"Ich mag Bücher nicht. Lieber höre ich mir die Geschichten an."

"Ich lese, weil es toll ist."

Aha Seite 122

① Schau dir das Bild an. Lies die Aussagen der Kinder. Was hältst du davon? Schreibe deinen Standpunkt auf.

② Tauscht euch aus.

③ Wähle einen Film, ein Hörspiel oder ein Buch, das dir besonders gefällt. Suche dazu Informationen.

④ Überlege, wie du jemanden für deinen Lieblingstext begeistern kannst. Schreibe auf.

Aha Seite 110

⑤ Stelle deinen Lieblingstext der Klasse vor.

⑥ Schreibe auf, was dir bei deinem Vortrag gelungen ist.

Titel: Der Herr der Diebe
Verfasser/Autor: Cornelia Funke
Produzent: Richard Claus, 2005
Geboren: 1958 in Droste
Lebt in: San Francisco
Inhalt: In Venedig …
Besondere Stelle:

— SCH bereiten sich je nach Sprechabsicht gezielt vor, indem sie sich Notizen machen
— SCH setzen ihre Sprechabsichten in der persönlichen Sprachvarietät sowie in der Standardsprache um
— SCH erbitten und geben wertschätzende Rückmeldung zu Redebeiträgen

Texte planen: Zu einer Figur schreiben

Schreiben

„Du hast ja jede Menge Geld", sagte ich. „Die Bank kriegt das nicht, da ist das doch sofort weg. Jetzt wo ich alt bin, brauche ich jeden Groschen."
Sie legte einen weiteren Stapel unters Radio, aber ich konnte die Scheine noch gut sehen.
Dann stopfte sie ein paar Stapel in den Nachttopf, der unter dem Bett stand.
„Aber wenn du das vergisst! Wenn du Pipi machen musst und ..."
Oma sank aufs Bett, seufzte und hielt sich die Ohren zu.
„Ich vergesse ja alles", sagte sie.

„Du Koks, bist du sicher, dass das eine gute Idee war, ausgerechnet hierher zu gehen?"
„Eh, eh. Hast du ne bessere Idee?"
„Nö, es ist nur – ich habe meinen Teddy nicht dabei und ohne ihn ist es hier so gruselig. Und es gibt hier doch so gefährliche Fabelwesen." ...

① Wähle eine Figur aus, mit der du ein Abenteuer erleben möchtest. Erzähle.

② Zeichne den Ort, an dem dein Abenteuer stattfindet. Versetze dich in die Welt deiner Figur.

③ Schreibe Ideen für deinen Text auf.

④ Lass in deinem Kopf einen Film ablaufen. Erzähle.

Aha Seite 108

AH Seite 50

Aha Seite 118

– SCH nutzen Schreiben zum Erschließen von Texten (z. B. Schreiben aus der Perspektive einer Figur)
– SCH ziehen typische Elemente aus erzählenden Texten heran und erstellen für eigene Texte Sammlungen

Einen Text planen und schreiben

Schreiben

① Lies die Karten. Wähle aus oder ergänze.

② Du kannst deine Ideen auch aufschreiben. Dazu kannst du
- ein Cluster anlegen
- Notizen machen
- Bilder zeichnen

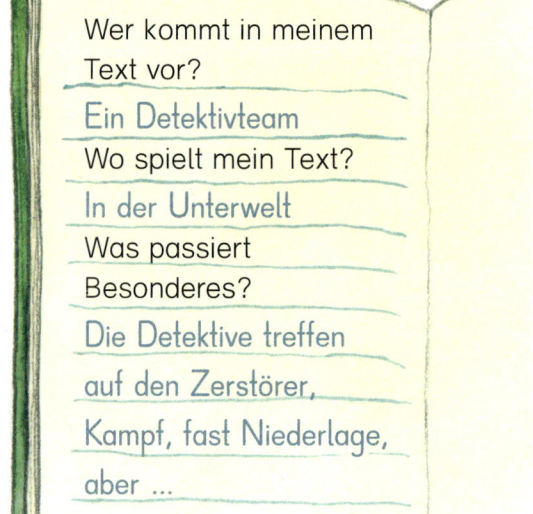

③ Schreibe deine Geschichte auf.

④ Was hat dir bei deiner Planung geholfen?

⑤ Überprüfe den Text eines Partners.
- Hat er eine Überschrift?
- Passt alles zusammen?
- Stimmt die Reihenfolge?

Aha Seite 118

AH Seite 67

Aha Seite 121

– SCH gestalten erzählende Texte lebendig und anschaulich durch den gezielten Einsatz sprachlicher Mittel
– SCH bauen ihre eigenen erzählenden Texte sinnvoll auf

Einen Text in der Schreibkonferenz überarbeiten

Schreiben

Der Bürgermeister in Not
Pippi Langstrumpf saß
mit ihnen dort und trank Kaffee.
Ein superschnelles Auto fuhr
um die Ecke. Er rief nach Pippi.
„Pippi, du musst schnell kommen,
ein großes Schiff ist in unseren
Hafen gefahren und kommt
nicht weg."
„Und was hab ich damit zu tun?"
„Ja, aber Pippi, wenn das Schiff
nicht mehr aus unserem Hafen
wegkommt, kommt auch kein
anderes Schiff mehr herein
und die anderen kommen nie
mehr zu uns zurück!"
„ Ach so! Na, dann will ich mal
sehen, was ich machen kann."
Sie ritten zum Hafen. Und da
sah sie alles.

Herr Picasso war
gerade auf der Müllhalde
angekommen, als sein Fuß
von etwas festgehalten wurde.
Ein großes Etwas zerrte an ihm.
Es war halb Roboter, halb
Mensch.
„Lass mich los!", sagte Herr
Picasso.
„Na gut!", sagte sie und
verschwand im Müll.
Deswegen ging Herr Picasso
nach Hause. Er malte ein Bild.
Das Bild war grau. Die Figur
war kaputt. Das Bild sollte
an eine Maschine und zugleich
an einen Menschen erinnern.
Seine Frau brachte Kaffee
und sagte: „Schön!"

1. Lies die Texte. Wähle einen aus.
2. Was gefällt dir? Begründe.
3. Lege einen Konferenzzettel an.

 Seite 108

4. Tausche dich mit anderen aus, die den gleichen Text gelesen haben.
5. Welche Ideen haben die anderen aufgeschrieben? Ergänze.
6. Überarbeite den Text mit den Ideen der Konferenzzettel.

 Seite 51

7. Lies den Text eines Partners.
8. Überprüfe seinen Text mit seinem Konferenzzettel.

 Seite 123

9. Überarbeite deinen Text.
   Überlege, welche Änderungen du übernehmen willst.

– SCH nehmen zentrale Anregungen für die Überarbeitung auf und setzen sich dazu jeweils ein konkretes Überarbeitungsziel
– SCH zeigen beim Schreiben eigener Texte Rechtschreibbewusstsein

Satzglieder bestimmen

Sprache untersuchen

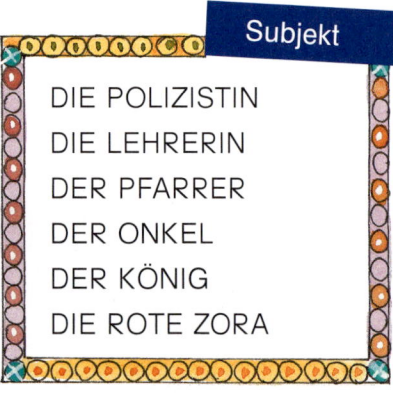

Subjekt
- DIE POLIZISTIN
- DIE LEHRERIN
- DER PFARRER
- DER ONKEL
- DER KÖNIG
- DIE ROTE ZORA

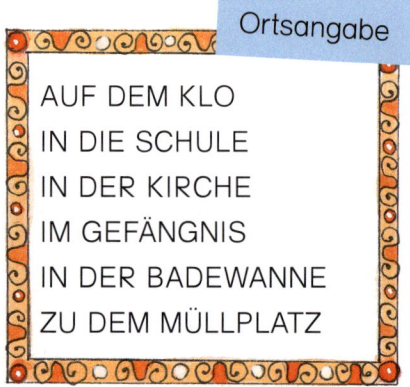

Ortsangabe
- AUF DEM KLO
- IN DIE SCHULE
- IN DER KIRCHE
- IM GEFÄNGNIS
- IN DER BADEWANNE
- ZU DEM MÜLLPLATZ

Prädikat
- RENNT
- SPRINGT
- SINGT
- SCHLÄFT
- BACKT
- BOXT

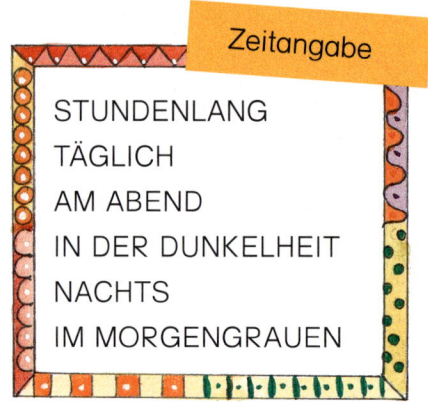

Zeitangabe
- STUNDENLANG
- TÄGLICH
- AM ABEND
- IN DER DUNKELHEIT
- NACHTS
- IM MORGENGRAUEN

① Bilde sinnvolle oder unsinnige Sätze.

 Seite 88

② Was haben sie gemeinsam? Erkläre.

③ Stelle die Satzglieder in einem Satz so oft wie möglich um. Was fällt dir auf? Tauscht euch aus.

 Seite 52

④ Einige Satzglieder kannst du wegstreichen. Erkläre.

⑤ Schreibe eigene Karten und bilde damit Sätze.

- Der Detektiv sprang ...
- Ab sofort startet ...
- Die Panzerknacker liefen ...
- Im Kaufhaus sang ...

⑥ Ergänze die Sätze. Schreibe auf.

⑦ Welche Satzglieder musst du ergänzen, damit der Satz sinnvoll wird?

– SCH beschreiben die Abhängigkeit der Satzglieder vom Prädikat und bestimmen das Subjekt
– SCH verändern Sätze durch Umstellen, Ersetzen, Weglassen, Erweitern und Verkürzen von Satzgliedern, um ihr Sprachbewusstsein und ihre Ausdrucksfähigkeit beim Sprechen und Schreiben zu erweitern

Anfangsbausteine bei Verben verwenden

Lesen und kein Ende

Gestern musste ich meiner kleinen Schwester eine Geschichte ■ lesen. Ich habe mich ganz selten ■ lesen. Später wollte sie die Geschichte selber lesen. Aber sie kann noch nicht so gut lesen. Deswegen musste sie die ein oder andere Stelle ganz genau ■ lesen. Wir mussten den Text ein paar mal ■ lesen und zunächst sollte sie über die langen Wörter ■ lesen. Deswegen musste ich ■ lesen. Schließlich konnte sie den ganzen Text perfekt vortragen. Stolz ging sie zu unserer Oma. Die lobte sie dann: „Du bist aber sehr ■ lesen!"

ver ab
durch
vor
be
mit
hinweg

Sprache untersuchen

① Lies den Text. Was fällt dir auf? Tauscht euch aus.

② Ändere den Text so, dass er sinnvoll wird. Was hast du verändert? Vergleicht.

③ Schreibe die veränderten Verben untereinander auf. Was haben die Verben gemeinsam? Unterstreiche.

vor<u>lesen</u>
ver<u>lesen</u>
zusammen<u>lesen</u>

Aha Seite 111

④ Die Anfangsbausteine können nicht beliebig eingesetzt werden. Erkläre.

---

suchen   laufen   schreiben   schieben   kommen   stellen

⑤ Wähle Verben aus. Finde möglichst viele passende Anfangsbausteine.

⑥ Erkläre die Bedeutung: aussuchen → ich wähle ein Buch aus

AH Seite 53

| ab | an | halten | hin | lesen |
| mit | ver | vor | wieder | zu |

– SCH bilden unter Verwendung verschiedener Wortbausteine zusammengesetzte Wörter

Mit Endbausteinen die Wortart verändern

Richtig schreiben

> die Zahlung   die Frechheit   die Übelkeit   geschwind
> neu   übel   frech   segnen   die Neuheit
> die Segnung   die Geschwindigkeit   zahlen

! Seite 89

① Schreibe die Wörter geordnet auf. Erkläre deine Ordnung.

② Was fällt dir auf? Tausche dich mit einem Partner aus.

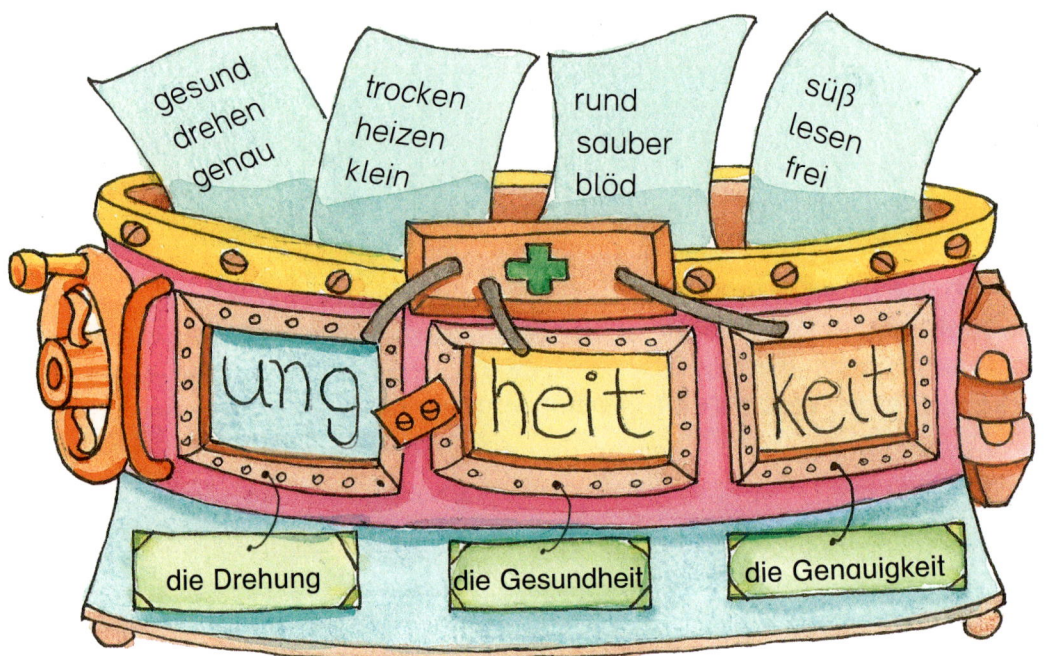

③ Bilde mit den Endbausteinen neue Wörter. Schreibe sie auf.

④ Was fällt dir auf? Erkläre.

⑤ Unterstreiche den Endbaustein und bestimme die Wortart.

⑥ Bilde weitere Wörter zu den Wortfamilien.
trocken: die Trockenheit, trocknen, der Trockner, …
heizen:

⑦ Kennzeichne bei deinen Wörtern Anfangsbaustein, Endbaustein und Wortstamm.

⑧ Suche in der Wörterliste weitere Wörter. Bilde mit den Endbausteinen **-ung**, **-heit**, **-keit** neue Wörter.

– SCH ändern Wortbedeutung und Wortart bewusst durch Wortbausteine und beschreiben die Gesetzmäßigkeiten
– SCH nutzen Wortbausteine, um die Wortart zu bestimmen

Endbausteine bei Wörtern verwenden

Richtig schreiben

① Bilde Wortfamilien zu den Wörtern. Schreibe auf.
heiter: die Heiterkeit, aufheitern, ...
süß: süßen, versüßen, die Süßigkeit, süßlich, ...

② Worauf musstest du achten? Erkläre.

③ Vergleiche mit einem Partner.

④ Unterstreiche die Endbausteine.

⑤ Lege eine Tabelle an.

-ung	-heit	-keit	-lich	?
		die Süßigkeit	süßlich	

⑥ Finde eine Regel, die dir beim richtigen Schreiben hilft.

⑦ Vergleiche mit einem Partner.

⑧ Überprüft eure Regel mit weiteren Wörtern.

⑨ Finde noch mehr Endbausteine, die dir beim richtigen Schreiben helfen.

Aha Seite 115

AH Seite 53, 54

| erholen | die Erholung | heiter |
| die Heiterkeit | der Schreck | schrecklich |

– SCH ändern Wortbedeutung und Wortart bewusst durch Wortbausteine und beschreiben die Gesetzmäßigkeiten
– SCH nutzen Wortbausteine, um die Wortart zu bestimmen

Schlau geübt

Satzglieder bestimmen

Die Klasse 3a geht in die Bücherei.
Dort erkunden die Kinder zuerst die unterschiedlichen Abteilungen.
Anschließend veranstaltet die Lehrerin eine Schnitzeljagd.
Die Schüler lösen unterschiedliche Aufgaben.
Zum Schluss finden die Kinder eine Schatzkiste.
Darin liegen schöne Kinderbücher.

(1) Schreibe den Text ab.

(2) Kreise die Satzglieder ein.

 Seite 55

(3) Lege eine Tabelle an. Stelle die Frage nach den Satzgliedern.

Subjekt	Prädikat	Zeitangabe	Ortsangabe	weitere Satzglieder
Wer oder was?	Was tut?	Wann?	Wo?	
Die Klasse 3a	geht	—	in die Bücherei.	—

(4) Vergleiche die Sätze. Was fällt dir auf?

(5) Bilde eigene Sätze und trage sie in die Tabelle ein.

> Sätze lassen sich mit Zeit- und Ortsangaben erweitern.
> Sie werden dadurch genauer.
> Der Wecker klingelt.
> Der Wecker klingelt morgens in Mias Zimmer.

Mit Endbausteinen die Wortart verändern

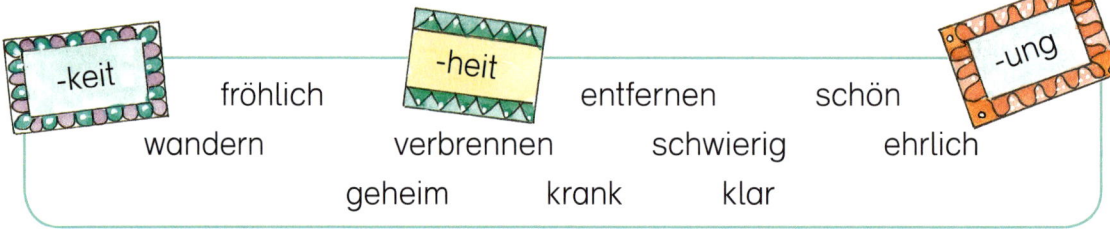

-keit   fröhlich   -heit   entfernen   schön   -ung
wandern   verbrennen   schwierig   ehrlich
geheim   krank   klar

(6) Bilde mit den Endbausteinen neue Wörter. Schreibe auf.

(7) Ein Wort ist anders. Begründe.

— SCH beschreiben die Abhängigkeit der Satzglieder vom Prädikat und bestimmen das Subjekt
— SCH ändern Wortbedeutung und Wortart bewusst durch Wortbausteine

Endbausteine bei Wörtern verwenden

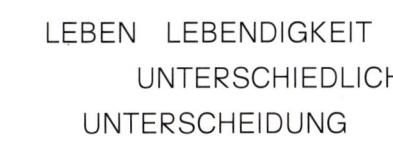

LEBEN LEBENDIGKEIT ERKRANKEN KRÄNKLICH
UNTERSCHIEDLICH UNTERSCHEIDEN
UNTERSCHEIDUNG KRANKHEIT LEBENDIG

1. Ordne die Wörter. Du kannst eine Tabelle anlegen.

2. Wie kannst du die Wörter noch ordnen? Begründe.

3. Was hat dir geholfen, die Wörter richtig zu schreiben? Erkläre.

AH Seite 55

> **Endbausteine** können die Wortart verändern.
> Die Endbausteine -ung, -heit, -keit zeigen Nomen an.
> Die Endbausteine -ig und -lich zeigen Adjektive an.
> die Nahrung, die Gesundheit, die Sauberkeit
> lustig, deutlich

Fast wie früher

Nico ▪stöbert gern die Reihen der Fantasybücher
in der Stadtbibliothek. Dabei ▪legt er, wie es wohl wäre,
selbst in eine dieser Geschichten schlüpfen zu können.
Natürlich wäre er darin der Held, der alle Abenteuer ▪steht,
niemals ▪läuft und auch nie sein Zimmer ▪räumen muss!
Früher hat ihm oft sein Großvater solche Geschichten ▪gelesen.
Doch nun ist er schon viel zu groß dafür. Oder soll er sich
vielleicht doch mal wieder ein solches Buch ▪leihen?
Er könnte es morgen ▪nehmen, wenn er seinen Opa ▪sucht
und diesmal ihm daraus etwas ▪lesen.

4. Schreibe den Text als Laufdiktat.
Ergänze die fehlenden Anfangsbausteine.

Aha Seite 113

| das Abenteuer | etwas | früher | gern |
| die Geschichte | der Held | nie | vielleicht |

— SCH ändern Wortbedeutung und Wortart bewusst durch Wortbausteine und beschreiben die Gesetzmäßigkeiten
— SCH nutzen Wortbausteine, um die Wortart zu bestimmen
— SCH üben Rechtschreibung am Grundwortschatz

Durch das Jahr

Sprechen und Zuhören

 Seite 108

1. Schau die Bilder an. Wann magst du den Wald am liebsten? Erzähle.

2. Beschreibe einem Partner, wie sich über das Jahr der Wald verändert.

3. Höre aufmerksam zu.
   Passt das, was dein Partner sagt, zum Bild?
   - Frage nach, wenn du etwas nicht verstanden hast.
   - Ergänze, wenn etwas fehlt.

4. Im Winter kann man einiges nicht sehen, anderes deutlicher. Sprecht darüber.

> Am besten gefällt mir der Wald im …, weil …
> Im Herbst kann man sehen, wie …
> Wenn die Bäume im Frühling …, dann …

— SCH wenden in Zuhör- und Gesprächssituationen ihre Aufmerksamkeit bewusst auf das Gesagte
— SCH achten auf eine wertschätzende Gesprächsatmosphäre

Stichpunkte zu einem Text schreiben

Herbst

Die Tage werden kürzer. Tiere legen Vorräte für den Winter an. Pflanzen bilden Samen und Früchte. Die Blätter der Bäume verfärben sich. Der Baum lagert seine Nährstoffe in der Rinde und im Holz des Stammes ab. Blätter und Früchte fallen ab. Viele Früchte dienen den Tieren als Nahrung für den Winter.

Winter

Die Nächte sind länger als die Tage. Nur die meisten Nadelbäume tragen noch ihr Nadelkleid. Vielen Tieren bietet der Wald für den Winter Unterschlupf. In Baumhöhlen, wo der Frost nicht hinkommt, überwintern viele Insekten, Kröten, Würmer und Schnecken. Aber auch größere Tiere halten sich zum Schutz vor Kälte lieber im Wald als auf dem freien Feld auf.

Frühling

Die Sonne scheint wieder länger und intensiver. Der Schnee schmilzt. Der Boden taut auf. Die Bäume tragen noch kein Laub, sodass die Sonne bis zu den Frühblühern auf den Boden scheinen kann. Tiere kommen aus ihrem Winterversteck. Die Zugvögel kommen aus dem Süden zurück, brüten und ziehen ihre Jungen auf. Die Bäume treiben neue Blüten und Blätter.

Sommer

Die Sonne erreicht ihren höchsten Stand. Deshalb ist der Sommer die wärmste der vier Jahreszeiten. Die Bäume wachsen weiter in die Höhe und Breite. Dies nennt man Längen- und Dickenwachstum. Die Jungtiere wachsen und werden selbstständig. Bald gründen sie eigene Familien.

Schreiben

① Bildet zu jeder Jahreszeit eine Gruppe.

② Lies den Text zu deiner Jahreszeit.

③ Schreibe Stichpunkte zum Text. Vergleiche mit deiner Gruppe. Ergänzt mit Informationen aus dem Bild.

 Seite 109

④ Triff dich mit jeweils einem Experten aus den anderen Gruppen.
- Informiere die anderen über deinen Text.
- Höre die Beiträge der anderen an.

 Seite 119

– SCH entnehmen Beiträgen in fachspezifischer Bildungssprache die wesentlichen Informationen
– SCH nutzen Methoden zur Sammlung und Ordnung von Informationen

Eine Spielanleitung schreiben

Schreiben

1. Schau dir die Bilder an. Erkläre.
2. Packt selbst einen Korb voll **Herbst**.
3. Schreibe eine Spielanleitung.
4. Spielt in der Gruppe nach euren Spielanleitungen.
5. Hat die Spielanleitung funktioniert?
   - Was war gut?
   - Was muss verbessert werden?
6. Überarbeite deine Spielanleitung.
7. Schreibe eine Spielanleitung zu einem anderen Spiel, das du gern spielst.
8. Sammelt eure Spielanleitungen in einem Spielebuch.

Aha Seite 120

Aha Seite 124

 Seite 56

— Sch verfassen eigene informierende, beschreibende Texte und achten dabei auf eine reihende Darstellung sowie eine logische Anordnung der Information

Wortfelder nutzen

Alle essen

Kühe essen Gras. Kleine Kinder essen Brei.
Wenn ich sehr hungrig bin, esse ich den Teller in zwei Minuten leer.
Wenn es heiß ist, esse ich gerne Wassermelone.
Im Kino essen viele Leute Chips und Popcorn.
Meine Freundin isst gerne Himbeeren.

1. Lest den Text. Sprecht darüber.
2. Überarbeite den Text.
3. Vergleicht eure Ergebnisse.
4. Sammle weitere Verben zum Wortfeld **essen**.
5. Ordnet die Wörter des Wortfeldes. Sprecht über eure Ordnung.

Sprache untersuchen

 Seite 127

 Seite 111

6. Lies die Wörter.
7. Welche Wörter passen zusammen? Schreibe sie geordnet auf.
8. Vergleicht eure Ordnung.
9. Spielt mit den Wörtern ein Quartettspiel wie auf Seite 16.
   Ergänzt weitere Wortkarten.
10. Finde Wörter zu den Wortfeldern **gehen** und **sagen**.

– SCH wählen beim Schreiben und Sprechen je nach Kontext passende Wörter aus Wortfeldern
– SCH beschreiben Gemeinsamkeiten und Unterschiede von Sprachen und Schriftsystemen im eigenen Umfeld

Wortarten bestimmen

Sprache untersuchen

① Finde die Paare. Schreibe die Wörter untereinander auf.
spielen – das Spielzeug
laufen – …

② Schreibe weitere Wortpaare auf.

③ Erkläre deine Ordnung.

④ Finde zu jedem Wortpaar ein weiteres Wort. Erkläre.

⑤ Denkt euch eigene Regeln für ein Spiel aus.
Spielt nach euren Regeln.

Seite 130/131

APFEL	FALLEN	DANKEN	HERBST	SAFTIG
HÖREN	SAMMELN	NATUR	DIE	
OBST	DAS	KALT	DÜNN	FRESSEN
WARM	WIND	DICK	FRUCHT	DER

⑥ Lies die Wörter. Wie kannst du sie ordnen?

⑦ Schreibe die Wörter geordnet auf.

⑧ Erkläre einem Partner deine Ordnung.

⑨ Finde weitere Wörter zu den einzelnen Wortarten. Schreibe sie auf.

⑩ Finde Regeln für deine Ordnung.

Seite 111

– SCH bestimmen die Merkmale von Wortarten

Wörter in Silben gliedern

Richtig schreiben

1. Sprich die Wörter deutlich.
2. Schreibe die Wörter auf. Zeichne die Silbenbögen ein.
3. Markiere die Stelle, die du anders schreibst, als du sie sprichst.
4. Vergleiche mit einem Partner.
5. Schreibe Quatschsätze mit den Wörtern.

Aha Seite 115

! Seite 126

---

der Ameisenhaufen   das Dorflichterfest   die Birnenmarmelade
die Drachenschnur   das Schleiereulengesicht
das Kartoffelfeuer   der Gemüsegarten   die Wüstenspringmaus
der Steinpilz   der Regenschirm
der Buntspecht   das Tomatenwurstbrot   die Halsschmerzen

6. Sprich jedes Wort deutlich. Gehe die Silben.
7. Schreibe die Wörter auf.
8. Schreibe weitere lange Wörter auf, bei denen du für einen Laut mehrere Buchstaben schreiben musst.

der **Arm**   lachen   der **Stein**
die **Tasche**   tanken   die **Wurst**

– SCH bauen die Verschriftung lautgetreuer Wörter aus
– SCH beachten die Verschiedenheit von Schreibung und Aussprache bei Buchstabengruppen

Weihnachtsbräuche in Deutschland

Sprechen und Zuhören

⭐ Am Barbara-Tag werden Zweige von Obstbäumen ins Wasser gestellt. Mit ein bisschen Glück blühen sie am Weihnachtstag.

⭐ Am Nikolaustag stellen die Kinder ihre Stiefel vor die Tür. Vielleicht liegt am nächsten Morgen etwas darin.

⭐ Am Lucia-Abend lässt man in einigen Orten selbst gebastelte Papphäuschen mit einer brennenden Kerze flussabwärts treiben.

⭐ Am Heiligabend feiern viele Familien Weihnachten. Es werden Lieder gesungen und Geschenke ausgetauscht.

⭐ Mit dem Adventskalender und dem Adventskranz bereitet man sich langsam auf das Weihnachtsfest vor.

① Im Dezember gibt es in Deutschland viele verschiedene Bräuche. Sieh dir die Bilder und Texte genau an. Ordne zu und begründe.

② Wie feierst du die Adventszeit? Erzähle.

③ Welche Bräuche kennst du aus anderen Ländern? Erzähle.

④ Welcher Weihnachtsbrauch gefällt dir besonders gut? Begründe.

⑤ Informiere dich über einen Brauch genauer. Warum wird er so gefeiert? Berichte.

 Seite 109

— SCH beteiligen sich verständlich und zuhörerbezogen an Gesprächen
— SCH setzen ihre Sprechabsichten mit angemessenem Wortschatz um

Weihnachtsbräuche in Bayern

Ui jeggerl na, i hab was ghört –
der kimmt pfeilgrad, ah,
dees is gscheert!
O mei, macht der a laute Mettn,
ganz greisli schäwern seine Kettn.

„Mit dir, Bou, kröig i nu die Kränk.
Wart, wenn da Pulzamärtl dou.
Na sog ihn's, was du fer a Bankert,
der nimmt di miet im Säckla nou!"

Krampus!
Schlampampus!
Sackl mi ei,
na ghör i dei!

Spitzbuben fürchten Ihn,
nur die Braven lässt er zieh'n.
Die Zunge bis zum Bauch
und ein Zottelfell hat er auch.

Sprache untersuchen

① Lies die Reime.

② Wovon erzählen sie? Begründe.

③ Die Texte sind unterschiedlich schwer zu lesen. Erkläre.

④ Lies die Reime für dich und für einen Partner.
Wann verstehst du sie besser? Begründe.

> Nussmärtel   Pelznickel   Klaubauf   Krampus   Butz
> Knecht Ruprecht   Rumpelklas   Hetscheklas   Nikolaus

⑤ Lies die Namen. Welche davon kennst du?

⑥ Beschreibe die dir bekannten Gestalten.
  • Was haben sie gemeinsam?
  • Wodurch unterscheiden sie sich?

⑦ Wer kommt am 5. oder 6. Dezember zu dir? Erzähle.

⑧ Suche dir eine Gestalt aus und informiere dich,
wo sie so genannt wird. Berichte in der Klasse darüber.

Aha Seite 110

– SCH untersuchen, welche sprachlichen Mittel genutzt werden, um bestimmte Wirkungen zu erreichen
– SCH beschreiben Gemeinsamkeiten und Unterschiede von Sprachen im eigenen Umfeld (Dialekt)
– SCH benennen Gründe für Nicht-Verstehen (nicht geläufige Dialektausdrücke)

Einen Anfangsbaustein bei Adjektiven erkennen

Sprache untersuchen

Sarah sitzt ▪ruhig in ihrem Zimmer und wartet.
Normalerweise sieht es hier immer ▪ordentlich aus,
aber heute ist alles anders …
Da klopft es ▪geduldig an der Haustür.
▪hörbar huscht Sarah zur Tür und öffnet sie ▪sanft.
Hoffentlich hat er ihre ▪geputzten Stiefel nicht gesehen.
Doch – er war da:
Es riecht nach Orangen und Äpfeln …

① Lies den Text. Auf wen wartet Sarah? Begründe.

② Hier stimmt etwas nicht.
Schreibe den Text vollständig auf. Erkläre.

Aha Seite 109

! Seite 127

③ Vergleicht eure Texte.

④ Vergleiche mit dem Text im Buch. Was hat sich verändert?
ruhig –
ordentlich –

⑤ Setze mit den Anfangs- und Endbausteinen möglichst viele Wörter zusammen. Schreibe sie auf.

⑥ Ordne die Wörter. Erkläre.

⑦ Bilde mit einigen Wörtern Sätze.

– SCH bilden unter Verwendung verschiedener Wortbausteine zusammengesetzte Wörter (Adjektive mit un-, sowie -ig und -lich)

Wörter mit Ä/ä und Äu/äu ableiten

Richtig schreiben

das Tannenbäumchen   die Weihnachtsbäckerei   die Bratäpfel
die Äste   das Lebkuchenmännlein   die Geschenkbänder
das Glockengeläut   die Nächte   die Christkindlmärkte
die Nikolausbärte   das Päckchen

(1) Vergleiche die Nomen.
Sie haben etwas gemeinsam. Erkläre.

(2) Was hilft dir, diese Wörter richtig zu schreiben? Begründe.

 Seite 117

(3) Finde zu jedem Wort ein verwandtes Wort mit **a** oder **au**.
Schreibe die Wortpaare auf: das Glockengeläut – laut

das L■mmchen   ■lter   die ■le   das R■tsel
die L■te   ■ng   l■nger   die S■fte

e oder ä?
eu oder äu?

(4) Überlege, ob es ein verwandtes Wort mit **a** oder **au** gibt.
Schreibe die Wörter richtig auf.

 Seite 57

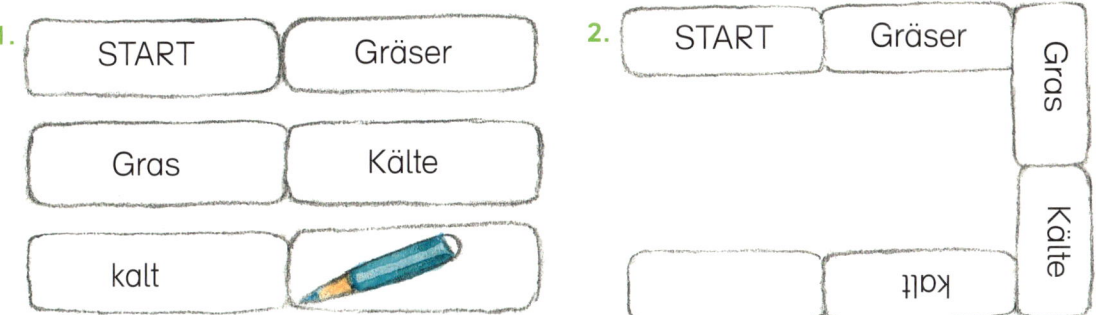

(5) Schau dir die Bilder an. Erkläre das Spiel einem Partner.

(6) Findet weitere Wörter und ergänzt die Kärtchen.
Spielt das Paarspiel.

der Ast   fahren   kalt
die Nacht   der Saft   warm

— SCH verbinden ein- und zweisilbige Wortformen, um die Schreibung von Umlautung abzuleiten

Ein Gedicht vertonen und vortragen

Sprechen und Zuhören

Regenlied

Der Regen tropft, der Regen –
der Regen klopft, der Regen –
es platscht und klatscht
und gießt und fließt
und läuft und träuft
und rinnt und spinnt,
der Regen, der Regen,
der Regen klopft, der Regen –
der Regen tropft, der Regen –
der Regen –

Doch sieh nur auf den Wegen
im Pfützenspiegel blitzt es hell,
der Westwind fährt herauf,
die grauen Wolken ziehen schnell,
der Regen, der Regen –
hört auf!

Ursula Wölfel

 Seite 108

① Lies das Gedicht. Erzähle.

② Sprecht über den Frühling.
Was gefällt euch? Was mögt ihr nicht?

 Seite 110

③ Tragt euch die Gedichte gegenseitig vor.
• Worauf musst du achten?
• Welcher Vortrag hat dir am besten gefallen? Begründe.

④ Schreibe die Wörter heraus, zu denen du Musik machen möchtest.

⑤ Schreibt auf, wie ihr die Wörter vertonen wollt.

⑥ Vertont das Gedicht.
Spielt in der Klasse eure Regenlieder vor.

– SCH beschreiben, wie die stimmliche, gestische Gestaltung von Sprache das Verstehen unterstützt
– SCH bereiten sich je nach Sprechanlass gezielt vor (Gedichtvortrag)

Ein Singstück vortragen

Was ist eine Wiese?

Was ist eine Wiese? Futter für die Kuh. Und noch was dazu.
Gras und Blumen: Schmetterlingsflügel. Bienensummen.
Ameisengekrabbel. Käfergezappel. Achtung, Maulwurfshügel!
Margeriten. Rote Federnelken vor dem blauen Himmel.
Heupferd übt den Weitsprung bis zum Kümmel.
Ein Kamillenbusch öffnet zwei Blüten. Sommerfliegen flitzen
über Storchschnabelmützen. Hummeln bummeln
im Honighaus ein und aus. Unten am Löwenzahn geigt
eine Grillenschnarre. Der Wind spielt mit den Halmen
Harfe oder Gitarre, alles regt sich und bewegt sich, alles,
was da lebt und schwebt, leuchtet, knistert, flüstert, brummelt,
bummelt. Was ist eine Wiese? – Das ist eine Wiese.

Friedl Hofbauer

Ich lieb den Frühling,
ich lieb den Sonnenschein.
Wann wird es endlich mal wieder wärmer sein?
Schnee, Eis und Kälte müssen bald vergehn.
Dum, di da, di dum, di da, …

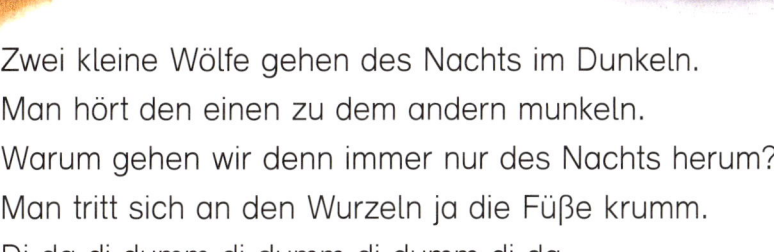

Zwei kleine Wölfe gehen des Nachts im Dunkeln.
Man hört den einen zu dem andern munkeln.
Warum gehen wir denn immer nur des Nachts herum?
Man tritt sich an den Wurzeln ja die Füße krumm.
Di da di dumm di dumm di dumm di da …

1. Lest die Texte. Singt die Lieder.
2. Verteilt Rollen. Gestaltet ein Sing-Sprech-Stück zum Frühling. Denkt an eure Stimmen und Gesten.
3. Was hat dir gefallen? Was nicht? Begründe.

 Seite 110

– SCH setzen Medien bewusst ein, um Szenen zu gestalten (z. B. durch Geräusche, Musik)
– SCH beobachten andere im szenischen Spiel

Ein Frühlingsgedicht schreiben

Schreiben

Frühling

Eines Morgens ist der Frühling da.
Die Mutter sagt,
sie riecht ihn in der Luft.

Pit sieht den Frühling.
An den Sträuchern im Garten
sind ▇.

Anja ▇ den Frühling.
Neben ihr, auf dem Dach,
singen ▇.

Unten vor dem Haus steigt Vater in sein Auto.
Er ▇ den Frühling.
Die Sonne scheint warm ▇.

Aber schmecken kann man den Frühling noch nicht.
Bis ▇,
dauert es noch lange.

Christine Nöstlinger

① Lies den Text. Erzähle.

② Ergänze das Gedicht. Schreibe es vollständig auf.

③ Vergleicht eure Texte.

 Seite 111

④ Entscheidet euch für die besten Worte in den Lücken. Begründet.

⑤ Tragt euer Gedicht in der Klasse vor.
Gebt einander Rückmeldung.

⑥ Vergleicht euren Text mit dem Gedicht von Christine Nöstlinger.

 Seite 58, 59

⑦ Erstellt ein Frühlingsgedichtebuch mit euren eigenen Gedichten.

— SCH ziehen typische Elemente aus erzählenden Texten heran (Textbausteine in Gedichten)
— SCH achten beim Sprechen auf Lautstärke, Tempo und Satzmelodie

Orts- und Zeitangaben erkennen

Sprache untersuchen

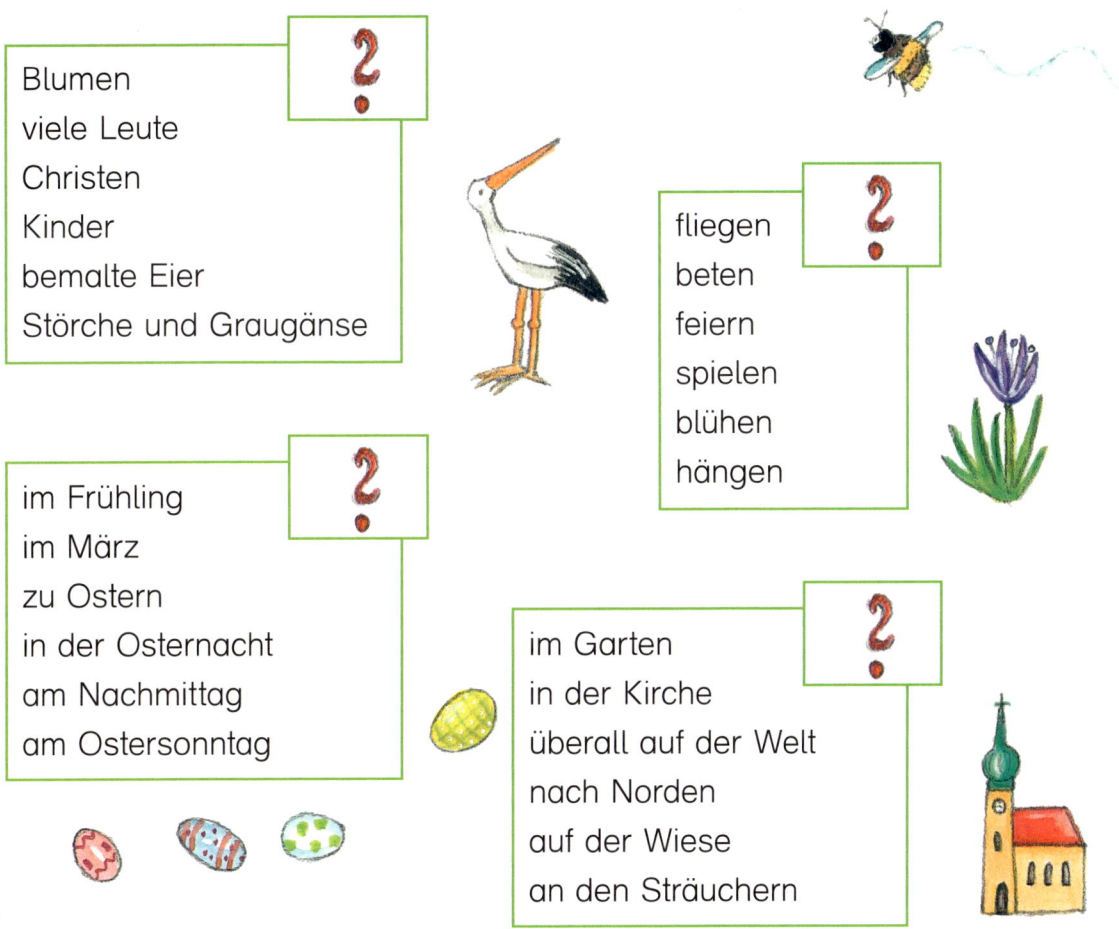

Blumen
viele Leute
Christen
Kinder
bemalte Eier
Störche und Graugänse

fliegen
beten
feiern
spielen
blühen
hängen

im Frühling
im März
zu Ostern
in der Osternacht
am Nachmittag
am Ostersonntag

im Garten
in der Kirche
überall auf der Welt
nach Norden
auf der Wiese
an den Sträuchern

(1) Lies die Wörter.

(2) Bilde Sätze mit den Bausteinen. Schreibe die Sätze auf.

(3) Finde zu den Satzbausteinen passende Überschriften.
Vergleicht und begründet.

(4) Unterstreiche das Prädikat und das Subjekt
in jeweils unterschiedlichen Farben.

(5) Unterstreiche alle weiteren Satzglieder
in jeweils unterschiedlichen Farben.

(6) Lest eure Sätze vor. Vergleicht.

(7) Du kannst die Satzglieder auch umstellen. Schreibe die Sätze auf.
Was fällt dir auf?

(8) Bilde eigene Sätze mit Orts- und Zeitangaben. Schreibe sie auf.
Stelle die Satzglieder um.

 Seite 88

 Seite 60

— SCH beschreiben die Abhängigkeit der Satzglieder vom Prädikat und bestimmen das Subjekt
sowie Orts- und Zeitangaben

Schreiben

Ein Rezept schreiben

Gläser waschen

Marmelade in Gläser füllen

Obst mit Zucker kochen

Gläser verschließen

Obst sammeln

genau so viel Zucker wie Obst wiegen

Gläser beschriften

umrühren

Obst putzen und zerkleinern

1. Schau die Bilder an. Lies den Text.

2. Erkläre einem Partner, wie du Marmelade selber machen kannst.

Seite 120

3. Schreibe ein Rezept für selbstgekochte Marmelade. Achte auf die Reihenfolge.

4. Kocht selbst Marmelade mit einem Erwachsenen.

5. Überprüfe dein Rezept mit einem Partner.
   - Stimmt die Reihenfolge?
   - Sind alle Informationen enthalten?

Seite 124

6. Überarbeite dein Rezept.

7. Gestalte dein Rezeptblatt. Ergänze weitere Rezepte.

— SCH verfassen eigene informierende, beschreibende Texte und achten dabei auf eine reihende Darstellung sowie eine logische Anordnung der Informationen

Verschiedene Sprachen vergleichen

Sprache untersuchen

Griaß di! · Moin! · Guten Tag. · Au revoir. · Witam. · Ade! · Auf Wiederschaun. · Do widzenia. · Pfiati. · Servus! · Tschüss! · Ciao. · Grüß Gott. · Habadere. · Mahlzeit! · Salut.

① Schau das Bild an. Lies die Sprechblasen. Was bedeuten sie?

② Erkläre die Begrüßungen und Verabschiedungen, die du kennst. Welche kennst du nicht? Frage nach.

 Seite 109

③ Spielt die Dialoge nach. Vergleicht die Szenen.

④ Wie begrüßt oder verabschiedest du jemanden? Zu wem sagst du was? Erkläre.

 Seite 61

⑤ Finde heraus, was deine Eltern und Großeltern sagen.

⑥ Was sagen Menschen in anderen Ländern? Sammelt Begrüßungen und Verabschiedungen.

⑦ Gestaltet eine Ausstellung über verschiedene Begrüßungen und Verabschiedungen in der Schule.

— SCH beschreiben anhand von Beispielen Gemeinsamkeiten und Unterschiede von Sprachen und Schriftsystemen im eigenen Umfeld

Fit für Klasse 4

Wortarten bestimmen

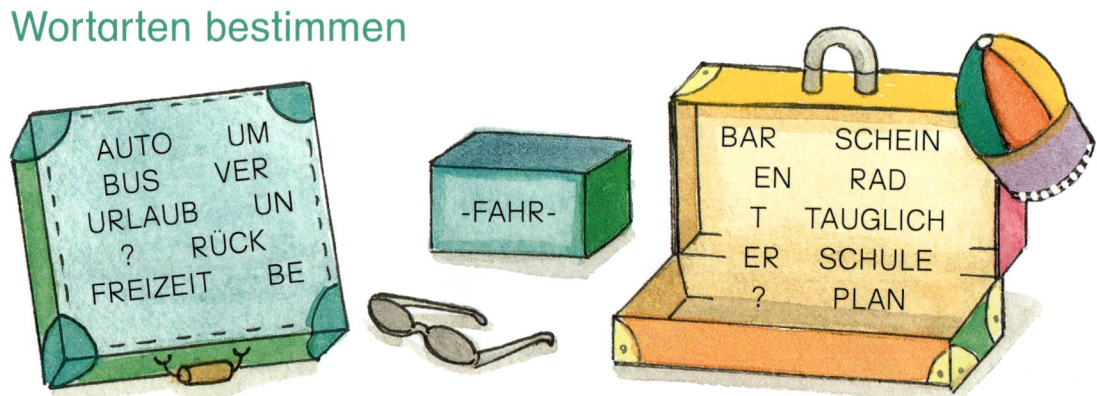

① Setze mit den Wortbausteinen möglichst viele Wörter zusammen.
Lege eine Tabelle an.

Nomen	Verben	Adjektive
die Autofahrt		

Satzglieder bestimmen

> Bald endet das Schuljahr.
> Einige Kinder fahren in den Urlaub.
> Die meisten Jungen und Mädchen bleiben in den Ferien daheim.

② Schreibe die Sätze auf. Kreise die Satzglieder ein.

③ Frage nach Subjekt, Prädikat, Orts- und Zeitangabe.
Schreibe Frage und Antwort auf.

Seite 64/65

Verben in den Vergangenheitsformen erkennen

Grundform		1. Vergangenheit	
	ich schwimme		
			er hat gerufen
		wir fuhren	
	sie tragen		

④ Schreibe die Tabelle vollständig auf. Achte auf die Pronomen.

– SCH bestimmen die Merkmale von Wortarten
– SCH beschreiben die Abhängigkeit der Satzglieder vom Prädikat und bestimmen weitere Satzglieder
– SCH üben Flexionsformen und Präteritumsformen von Verben

Wörter richtig schreiben

Das ■chuljahr ist vorbei!
1. Das Wort kommt von Schuh.
2. Das Wort hat einen Artikel.

Nächstes Jahr gehöre ich zu den ■ltesten Kindern an unserer Schule.
1. Das Wort kommt von alt.
2. Das Wort hat einen Artikel.

Das wir■ bestimmt ein aufregendes Jahr.
1. Das Wort kommt von werden.
2. Das Wort kommt von bewirten.

Deshalb werde ich mich in den Ferien jetzt so richtig erhol■n!
1. Das Wort hat in jeder Silbe einen Vokal.
2. Das Wort wird geschrieben, wie es gesprochen wird.

(1) Welche Tipps haben dir geholfen, die Wörter richtig zu schreiben? Finde die passenden Erklärungen. Schreibe die Sätze richtig auf.

Aha Seite 117

Liebe Oma, lieba Opa,
bald fangen die ferien an. Keine Hausaufgaben mehr! :-)
Und dann darf ich euch besuchn! Ich freue mich schon so ...
Papa hat mir auch endlich erlaubt, alleine mit dem Zuk zu euch
zu fahren. Ihr holt mich aber am Banhof ab, oder?
Können wir wieder zusammen ins Schwimbad gehen?
Und ich würde so gern nochmal mit Opa im Zelt schlaffen!
Dafür helfe ich ihm vorher auch beim Rasenmähen – fersprochen!
Ich habe euch lib und freue mich schon auf euch! Eure Maresa

(2) In jeder Zeile ist ein Fehler.
Finde die falsch geschriebenen Wörter. Was hilft dir dabei, diese Wörter richtig zu schreiben? Erkläre.

Seite 62/63

(3) Schreibe den Text richtig auf.

Aha Seite 113

– SCH schreiben gängige Schreibungen routiniert richtig

So geht es leichter

So hören wir einander zu

1  anschauen — Ich wende mich meinem Partner zu und schaue ihn an.

2  zuhören — Ich höre aufmerksam zu. Ich nicke, wenn ich etwas verstanden habe.

3  wiederholen — Ich wiederhole mit meinen Worten. Ich stelle Fragen.

Meinst du damit, dass …

Genauso habe ich …

4  verstehen — Mein Partner bestätigt, was ich richtig verstanden habe. Er wiederholt, wenn ich etwas ungenau wiedergegeben habe.

Hier wollte ich …

Seite 4
Seite 30
Seite 50

① Dein Partner erzählt dir etwas zu einem Thema. Beachte die vier Punkte.

② Überlegt:
- Was ist euch gelungen?
- Was ist euch schwergefallen? Sucht nach einer Erklärung dafür.

Jeder sollte ein Instrument spielen.

Fast Food ist prima!

Ohne genügend Schlaf wird man dumm.

③ Wählt in der Gruppe ein Thema. Jeder sagt, was er dazu denkt. Welche Begründung hat dir am besten gefallen? Erkläre.
  Mir hat gefallen, dass …

— SCH halten sich an gemeinsam erstellte Gesprächsregeln

So sprechen wir miteinander

Ich erzähle lebendig von einem Erlebnis oder über etwas Erfundenes.	 sprechen	Ich informiere über einen Sachverhalt mit Fachausdrücken.
Hat mein Partner mich verstanden? • Er nickt. • Er stellt Fragen.	 verstehen	Hat mein Partner mich verstanden? • Er nickt. • Er stellt Fragen.
Jetzt höre ich zu. Hat er lebendig erzählt?	 hören	Jetzt höre ich zu. Hat er sachlich berichtet?
Wir knüpfen an das Erzählte an.	 gemeinsam lösen	Ich ergänze Informationen zum Thema.

Seite 10
Seite 51
Seite 91

1. Welches Thema interessiert dich? Begründe.
2. Informiere andere oder erzähle eine Geschichte.
3. Lass dir Rückmeldung geben.

– SCH setzen ihre Sprechabsichten mit angemessenem Wortschatz um
– SCH bauen ihre Beiträge wirkungsvoll, nachvollziehbar und logisch auf

Aha So geht es leichter

So spreche ich vor anderen

1 suchen
Ich sammle Informationen für mein Referat.
Ich wähle Wichtiges aus und markiere es.
Ich schreibe mir Notizen auf.

2 fragen
Für meine Zuhörer bereite ich Material vor.
- Sie können das Gehörte wiederholen.
- Sie können Fragen stellen.

3 üben
Ich übe mein Referat.
Ich spreche ruhig, deutlich und laut genug.
Ich halte Sprechpausen ein.

4 vortragen
Ich beziehe meine Zuhörer ein, indem ich
- Fragen zu meinem Referat stelle
- einen Informationstext austeile.
Ich hole mir Rückmeldung zu meinem Referat.

Seite 23
Seite 41
Seite 60

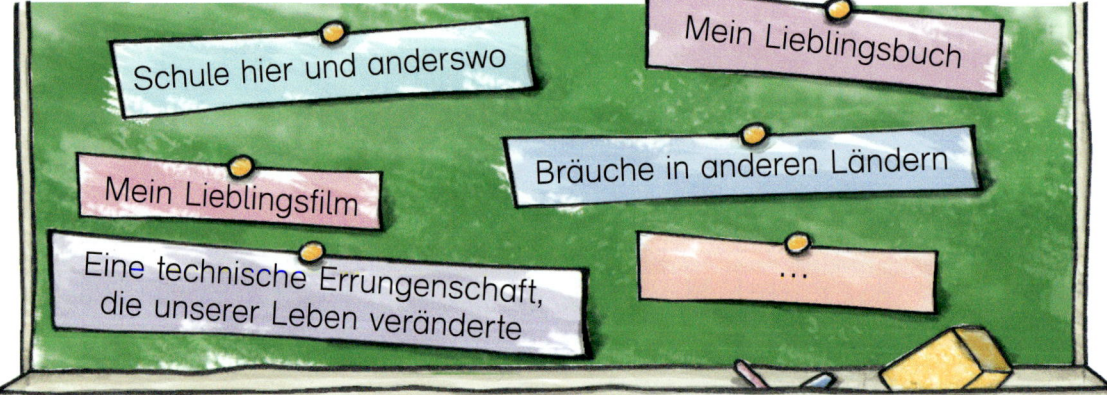

Schule hier und anderswo
Mein Lieblingsbuch
Mein Lieblingsfilm
Bräuche in anderen Ländern
Eine technische Errungenschaft, die unserer Leben veränderte
…

(1) Wähle ein eigenes oder ein vorgegebenes Thema aus.
Bereite ein Referat vor.

(2) Übe deinen Vortrag. Lass dich von einem Partner beraten.

(3) Halte dein Referat.
- Was war gut?
- Was kannst du verbessern?

– SCH achten beim Sprechen auf Lautstärke, Tempo und Satzmelodie, verwenden verständnisunterstützende Gesten
– SCH strukturieren ihren Vortrag durch sinnvolle Pausen
– SCH bereiten sich je nach Sprachanlass gezielt vor

So lernen wir gemeinsam

1  überlegen — Ich überlege mir eine Lösung zu einem Lerninhalt und stelle sie einem Partner vor.

2  hören — Mein Partner hat sich eine Lösung zu dem gleichen Inhalt überlegt und stellt sie mir vor.

3  besprechen — Wir vergleichen.

4  nachdenken — Ich schreibe auf:
- Das hat mir beim Arbeiten geholfen.
- Das kann ich besser machen.

Seite 10
Seite 34
Seite 74

- Wie lerne ich Einmaleinsreihen gut?
- Wie löse ich ein Logical?
- Wie erkenne ich, zu welcher Wortart ein Wort gehört?
- Wie lerne ich ein Gedicht auswendig?
- Wie unterscheide ich Flächen und Formen im Matheunterricht?

(1) Wählt ein eigenes oder ein vorgeschlagenes Thema.

(2) Überlege dir eine Lösung. Stelle sie einem Partner vor.

(3) Der Partner stellt seine Lösung vor.

(4) Tauscht euch aus.

(5) Schreibe auf, wie du beim nächsten Mal vorgehen willst.
Das nächste Mal werde ich ...

– SCH bewerten eigene Lernergebnisse mit denen anderer, ziehen Schlüsse für das eigene Lernen
– SCH beteiligen sich an Gesprächen: machen Vorschläge zur Lösung gemeinsamer Lernaufgaben

So geht es leichter

So schätze ich mein Lernen ein

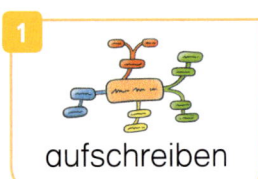
1 aufschreiben — Ich notiere das Thema und schreibe auf, was ich zu dem Thema weiß.

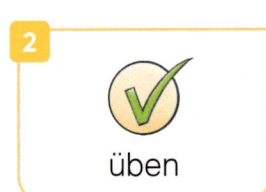
2 üben — Ich erarbeite mir neue Inhalte.

3 können — Ich schreibe auf, was ich Neues gelernt habe.

4 nachdenken — Ich überlege:
- So kann ich noch besser lernen.
- So kann ich weiterarbeiten.

Seite 6
Seite 25
Seite 55

| Überall Müll | So erkläre ich die Schreibung von besonderen Wörtern |
| Wie überarbeite ich einen Text? | Pilze – besondere Lebewesen |

1. Lege ein Lerntagebuch an. Beantworte die Fragen.
   - Das wusste ich schon.
   - Das interessiert mich.
   - Das war neu.
   - Das hat mir beim Lernen geholfen.
   - Das sollte ich wieder so machen.
   - So kann ich weiterarbeiten.

2. Vergleiche mit einem Partner.

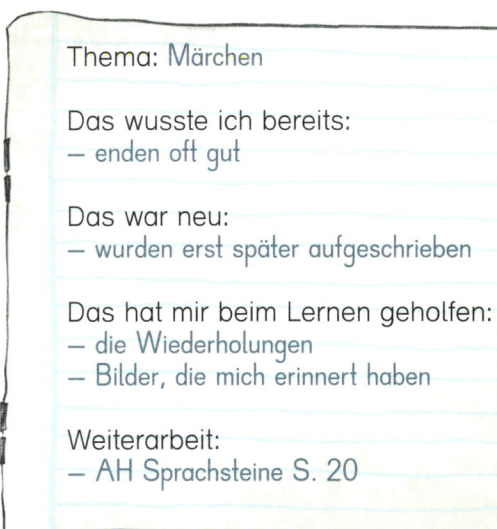

Thema: Märchen

Das wusste ich bereits:
— enden oft gut

Das war neu:
— wurden erst später aufgeschrieben

Das hat mir beim Lernen geholfen:
— die Wiederholungen
— Bilder, die mich erinnert haben

Weiterarbeit:
— AH Sprachsteine S. 20

– SCH führen Lerngespräche, indem sie ihre Lernstrategien beschreiben
– SCH bewerten eigene Lernergebnisse
– SCH wählen Lernmethoden und Materialien für das weitere Lernen aus

So schreibe ich Texte ab

1 sprechen

Ich lese den Text.
Ich lese Satz für Satz.
Ich spreche mir den Satz in Gedanken vor.

2 merken

Ich teile mir die Sätze in sinnvolle Abschnitte ein.
Ich lese die Abschnitte und merke sie mir.

3 schreiben

Ich schreibe die Abschnitte auswendig auf.
Ich spreche leise dazu.
Ich achte auf besondere Stellen.

Deutschland: viele Mitlaute hintereinander

4 vergleichen

Ich vergleiche mit der Vorlage.
Ein Wort mit einem Fehler streiche ich durch
und schreibe es noch einmal richtig auf.

Seite 19
Seite 49
Seite 107

① Schreibe einen Text als Laufdiktat. Die Bilder zeigen dir, wie es geht.

② Vergleiche den Text mit der Vorlage.

③ Überarbeite deinen Text.

— SCH schreiben routiniert, zügig und fehlerlos von einer Vorlage ab

 **So geht es leichter**

So übe ich mit dem Wörterkasten

Ich lege mir einen Wörterkasten an. Dazu brauche ich:
- einen Kasten
- Karten mit den Anfangsbuchstaben meines Namens
- vier Registerkarten zum Abtrennen

beschriften

Ich schreibe auf jede Karte ein Übungswort.
Ich unterstreiche besondere Stellen.

schreiben

Auf der Rückseite notiere ich die Wortart
und ergänze passende Übungen.
Ich ordne die Karten in Fach eins.

Wörter üben

Schreibe ich das Wort fehlerfrei,
lege ich die Karte in das nächste Fach.
Schreibe ich einen Fehler, verbessere ich ihn.
Die Karte bleibt im gleichen Fach.

können

Das wiederhole ich so lange, bis ein Wort
in Fach fünf liegt. Jetzt kann ich das Wort schreiben.

Seite 19
Seite 29
Seite 39 …

① Schreibe die Nomen mit Artikel in der Einzahl
und der Mehrzahl auf. Bilde Zusammensetzungen.
das Telefon, die Telefone, die Telefonanlage

② Schreibe die Verben in der Grundform, in der Gegenwart
und in beiden Vergangenheitsformen auf.
laufen: er läuft, er lief, er ist gelaufen

③ Schreibe die Adjektive in der Grundform
und mit einem Nomen auf. Bilde die Steigerungsformen.
süß, die süße Katze, süß – süßer – am süßesten

— SCH trainieren Rechtschreibung entsprechend eigener Lernbedürfnisse mit einem erweiterten Übungswortschatz
— SCH üben Rechtschreibung anhand des verbindlichen Grundwortschatzes

So kann ich Wörter üben

1 Wörter üben

Mit diesen Übungen kannst du deine Wörter aus dem Wörterkasten, aus der Wörterliste oder aus deinem Wörterheft üben.

Seite 55
Seite 95
Seite 117 …

① Wähle zehn Wörter mit sehr vielen Konsonanten aus.
Zerlege jedes Wort in Silben.
schützen: schüt‿zen‿

② Suche Wörter in der Wörterliste mit zwei, drei oder vier Silben.
Lege eine Tabelle an und trage die Wörter mit Silbenbögen ein.

eine Silbe	zwei Silben	drei Silben
er‿	ges‿tern‿	ver‿ges‿sen‿

③ Wähle Wörter aus, für die die gleiche Rechtschreibregel gilt.
Diktiere die Wörter einem Partner. Dein Partner schreibt die Wörter und die Regel auf. Dann wird gewechselt.
der Hund, der Wald, wild, …

④ Schreibe zehn Wörter aus der Wörterliste auf, bei denen man in der letzten Silbe das **e** nicht gut hört. Markiere das **e**.
Diktiere deine Wörter einem Partner. Dann wird gewechselt.
springen, …

⑤ Suche Wörter, die zur gleichen Wortfamilie gehören.
Unterstreiche den gemeinsamen Wortstamm.
stark, die Stärke, verstärken

⑥ Schreibe zehn Wörter mit **ie** aus der Wörterliste.
Zeichne die Silbenbögen ein.
Was stellst du fest?
die Lie‿be‿, flie‿gen‿, …

Wenn die Silbe …

⑦ Welche Übung hilft dir am meisten beim richtigen Schreiben? Begründe.

— SCH trainieren Rechtschreibung entsprechend eigener Lernbedürfnisse mit erweitertem Übungswortschatz
— SCH üben Rechtschreibung anhand des Grundwortschatzes

 **So geht es leichter**

So schlage ich Wörter nach

Das Wörterbuch oder die Wörterliste hilft dir, wenn du richtig schreiben willst. Die Wörter sind dort nach dem Alphabet geordnet.

1  überlegen — Mit welchem Buchstaben beginnt das Wort? Steht der Buchstabe am Anfang, in der Mitte oder am Ende des Alphabets?

2  nachschlagen — Ich suche die Seite mit dem Anfangsbuchstaben. Jetzt suche ich nach dem zweiten Buchstaben. Dort finde ich mein Wort.

3  überlegen — Ich finde mein Wort nicht. Ich überlege, wo das Wort stehen könnte.

Lautet mein Wort in der Grundform anders? Ich suche bei der Grundform.

4  schreiben — Ich schreibe das Wort auf und vergleiche mit dem Wörterbuch oder der Wörterliste.

Seite 8
Seite 37
Seite 64

| er biegt | er lief | er sang | er malt | er schien |
| er frisst | er bohrt | er saß | er stand | er war |

① Bilde zu diesen Verben die Grundform.
Schlage in der Wörterliste nach, schreibe die Wörter auf und ergänze die Gegenwart.

② Wähle fünf Nomen, fünf Verben und fünf Adjektive.
Schreibe sie mit der Seitenzahl auf.

③ Gib ein Wort, bei dem dich die Schreibweise interessiert, in eine Suchmaschine ein. Vergleiche mit dem Wörterbuch.

— SCH trainieren Rechtschreibung entsprechend eigener Lernbedürfnisse mit einem kontinuierlich erweiterten Übungswortschatz
— SCH üben Rechtschreibung anhand des verbindlichen Grundwortschatzes

So überprüfe ich meinen Text

1 sprechen

Ich lese meinen Text leise Wort für Wort von hinten nach vorne. So finde ich fehlende Buchstaben. Ich überarbeite meinen Text.

2 überlegen

Wörter, bei denen ich unsicher bin, unterstreiche ich. Kenne ich eine Regel, schreibe ich das Wort richtig auf.

3 suchen

Kenne ich keine Regel, suche ich das Wort in der Wörterliste, im Wörterbuch oder in der Suchmaschine.

4 schreiben

Ich vergleiche mein Wort und schreibe es richtig.

Seite 9
Seite 27
Seite 66

Punkte und Zeichen

Anna und Wolfgang sind blint. Wenn sie etwas lesen wollen, fahren sie mit iren Fingern über ein Blat, auf dem sie vile Erhebungen ertasten. Die Punktschrift bestet aus sechs Zeichen, die viel gröser sind als unsre Buchstaben. Weil das Papier auch besonders dick ist, sind Annas und Wolfgangs Bücher viel schwerer und dicker als unsere. Wenn Anna Wolfgang einen Brif schreibt, dann ist der so schwer, dass er teurer wäre als unsere Post. Deswegen werden sendungen in Brailleschrift portofrei transportiert.

Neun Fehler!

① Finde die neun Fehler.

② Erkläre die richtige Schreibung.
   blin<u>d</u>: Ich verlängere das Wort. → ein blin<u>d</u>es Kind

③ Überprüfe die richtige Schreibung.
   Schreibe den Text fehlerfrei auf.

— SCH überarbeiten eigene Texte mithilfe eines Wörterbuches ggf. auch mit Rechtschreibhilfen des Computers
— SCH zeigen Rechtschreibbewusstsein bei eigenen Aufzeichnungen, indem sie selbstständig auf Richtigschreibung achten und sich korrigieren

 **So geht es leichter**

So plane ich einen Text

Ich überlege mir,
wozu ich schreiben möchte.

Ich sammle meine Ideen.
- Ich mache mir Notizen.
- Ich erstelle ein Cluster.
- Ich zeichne Bilder zu meiner Idee.

Ich ordne meine Ideen.

Ich wähle aus,
was ich für meinen Text brauche.

Seite 11
Seite 62
Seite 82

① Wähle aus, wozu du schreiben möchtest.

② Sammle deine Ideen. Du kannst
- Notizen machen
- ein Cluster erstellen
- oder ein Bild malen.

③ Ordne deine Ideen. Wähle aus.

— SCH nutzen vor dem Schreiben Methoden zur Sammlung und Ordnung von Wortmaterial und Schreibideen

So erschließe ich mir einen Sachtext

Ich lese den Text.

Ich unterstreiche Wichtiges.
Ich kläre für mich unbekannte Begriffe.
Ich schreibe Stichpunkte heraus.

Ich finde Zwischenüberschriften.

Ich schreibe die Informationen geordnet und übersichtlich auf.

Seite 22
Seite 42
Seite 91

Das Handy gibt es nur in Deutschland

Früher war ein Handy sehr teuer und unhandlich. Heute besitzt fast jeder eines. Das erste Mobiltelefon baute Motorola 1983. Es hieß Dynatac 8000X und wog 800 Gramm. ⎤ Erstes Handy

Seitdem wurden Handys immer kleiner und leichter. Erst die neuen Smartphones wurden wieder größer. Denn mit einem Smartphone kann man nicht nur telefonieren, sondern auch im Internet surfen.

Das Wort **Handy** kommt aber nicht aus der englischen Sprache. In Großbritannien heißt es **mobile phone**. Das Wort **handy** bedeutet im Englischen: handlich. Und das sind die neuen Geräte ja auch. ⎤ Einsatz

① Lies den Text. Erkläre die Fachbegriffe.

② Schreibe Stichpunkte heraus.

③ Welche Zwischenüberschriften passen zum Text? Begründe. Finde weitere Zwischenüberschriften.

— SCH verfassen eigene informierende Texte und achten dabei auf eine reihende Darstellung sowie auf eine logische Anordnung der Informationen

So geht es leichter

So schreibe ich einen informierenden Text

1
suchen

Ich suche Informationen zu meinem Thema.
Ich sammle Bilder.

2
auswählen

Ich unterstreiche Wichtiges
oder schreibe Stichpunkte auf.
Ich sammle Bilder.

3
informierend schreiben

Ich achte auf die Reihenfolge.
Ich achte auf die Gestaltung.
Ich verwende Fachbegriffe.

4
überprüfen

Ich überprüfe.
- Ist alles verständlich?
- Sind alle Informationen enthalten?

Seite 13
Seite 43
Seite 72

die Fahrbahn

der Balken   der Pfeiler

① Sammle Informationen zu einem Bild.

② Wähle Wichtiges aus.

③ Ordne die Informationen.
Verwende Fachbegriffe. Gestalte übersichtlich.

④ Überprüfe mit einem Partner.
- Ist alles verständlich?
- Sind alle Informationen enthalten?

— SCH verfassen eigene informierende, beschreibende Texte und achten dabei auf eine reihende Darstellung sowie auf eine logische Anordnung der Informationen

So schreibe ich einen erzählenden Text

Ich sammle Ideen und Wörter für meinen Text.

Ich ordne meine Ideen.
- Wer ist dabei?
- Was ist passiert?
- Wann und wo passiert es?

Ich gestalte eine besondere Stelle.
Ich verwende passende Wörter.
Ich schreibe Gedanken und Gefühle auf.

Wir überprüfen mit dem Konferenzzettel.
Ich überlege, welche Tipps ich aufnehmen will.
Ich überarbeite meinen Text.

Seite 33
Seite 62
Seite 82

① Wozu möchtest du einen Text schreiben? Wähle aus.
Sammle Ideen und Wörter für deinen Text. Du kannst auch zeichnen.

② Ordne deine Ideen.

③ Schreibe deinen Text auf. Gestalte eine besondere Stelle.

④ Lest euch eure Texte vor. Überprüft mit dem Konferenzzettel.
- Ist alles verständlich?
- Ist alles im Text beschrieben, was du sagen wolltest?
- Hast du passende Wörter verwendet?

— SCH bauen ihre eigenen erzählenden Texte sinnvoll auf
— SCH gestalten erzählende Texte lebendig und wirkungsvoll durch den Einsatz passender sprachlicher Mittel

 **So geht es leichter**

So schreibe ich einen argumentierenden Text

1 sammeln

Ich sammle Gründe und Beispiele für meine Meinung.
Ich überlege, was dagegenspricht.

2 ordnen

Ich ordne meine Ideen.
- Worum geht es?
- Was ist mein Standpunkt?
- Was ist meine wichtigste Begründung?

3 überzeugen

Ich begründe jeden Punkt und gebe ein Beispiel.

4 überprüfen

Wir überprüfen mit dem Konferenzzettel.
Ich überlege, welche Tipps ich aufnehmen will.
Ich überarbeite.

Seite 61
Seite 80

Welche Bücher sollen für die Klassenbücherei gekauft werden?

Sollen in der Pause auch Nussschnecken und Kakao verkauft werden?

Eine Lesenacht in der Schule

Wir möchten eine Computerecke einrichten.

① Wähle ein Thema aus.
Sammle Gründe und Beispiele für deinen Standpunkt.
Überlege auch, was dagegenspricht.

② Ordne deine Ideen.

③ Begründe jeden Punkt und gib ein Beispiel.
Schreibe deinen Text auf.

④ Lest euch eure Texte vor. Überprüft mit dem Konferenzzettel.

— SCH sammeln Gründe und Beispiele zu einer Position, die sie vertreten, und ordnen sie nach einer logischen Reihenfolge

So arbeiten wir in der Schreibkonferenz

1 lesen — Ich lese den Text eines Partners.

2 Konferenzzettel schreiben — Ich überprüfe seinen Text. Ich notiere meine Tipps auf dem Konferenzzettel.

3 Konferenzzettel lesen — Ich lese den Konferenzzettel meines Partners für meinen Text.

4 ändern — Ich überlege, welche Tipps ich aufnehmen will und überarbeite meinen Text.

Seite 33
Seite 83

Mit dem Düsenjet fliege ich schneller als das Licht. Alles ist ganz klein. Drinnen blinkt und piepst es und sie zeigen mir den Weg zu der fremden Welt. Was wird mich dort erwarten? Ich stelle mir vor, wie es auf dem fremden Planeten aussehen wird. Bestimmt treffe ich dort völlig andere Tiere und Pflanzen. Oder vielleicht gibt es dort ja auch gar nichts. Oder vielleicht auch andere Lebewesen?

(1) Lies den Text und den Konferenzzettel. Was gefällt dir an dem Text? Was ist gelungen?

(2) Welche Tipps würdest du geben? Tausche dich mit einem Partner aus. Ergänzt den Konferenzzettel.

(3) Überarbeite den Text.

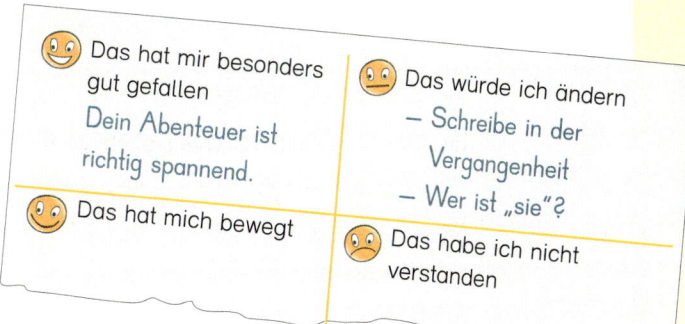

- 😀 Das hat mir besonders gut gefallen — Dein Abenteuer ist richtig spannend.
- 🙂 Das würde ich ändern — Schreibe in der Vergangenheit — Wer ist „sie"?
- 🙂 Das hat mich bewegt
- ☹ Das habe ich nicht verstanden

– SCH geben konkrete Hilfestellungen für Texte, heben dabei die Stärke der gelungenen Elemente hervor
– SCH zeigen beim Schreiben eigener Texte Rechtschreibbewusstsein
– SCH beschreiben Lernerfahrungen und Lernfortschritte

So geht es leichter

So schreiben wir über den Rand

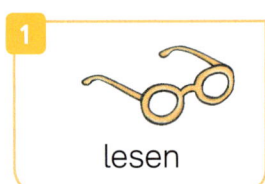
lesen

Wir treffen uns in der Gruppe.
Jeder liest den Text eines anderen.

Tipps geben

Ich schreibe Tipps zu dem Text
an die jeweilige Stelle an den Rand.
Ich gebe den Text weiter.

Tipps ergänzen

Das nächste Kind liest den Text und meine Tipps.
Es ergänzt weitere Tipps.

ändern

Ich lese alle Tipps
und überarbeite meinen Text.

Seite 43
Seite 73

Ergänze eine Überschrift.

Gliedere deinen Text übersichtlicher.

Das verstehe ich nicht.

Wann Menschen die ersten Brücken bauten, ist nicht bekannt. Schon früher führten Holzpfade über gefährliche Landschaften. Aus der Bronzezeit stammen die ersten Holzbrücken. Es gibt Balken-, Bogen- und Hängebrücken. Die berühmteste ist die Golden-Gate-Bridge. Davon haben Hängebrücken am wenigsten. Brücken können aus ganz verschiedenen Materialien sein. Man braucht sie, wenn man über Flüsse gehen will.

Wie sehen solche Brücken aus? Beschreibe das ausführlicher.

Du hast das mit den Brücken gut erklärt.

① Lies den Text und die Tipps. Was gefällt dir an dem Text?

② Welche Tipps würdest du geben? Ergänze.

③ Überarbeite den Text. Welche Tipps übernimmst du?

④ Schreibe den Text auf.

— SCH beschreiben Lernerfahrungen und Lernfortschritte
— SCH zeigen beim Schreiben eigener Texte Rechtschreibbewusstsein, indem sie Schreibungen überprüfen und berichtigen

So schreibe ich einen Text am Computer

1
schreiben

Ich schreibe meinen Text
mit dem Computer.

2
überprüfen

Ich überprüfe, ob der Text vollständig ist.
Ich überprüfe die Rechtschreibung
mit dem Rechtschreibprogramm.

3
gestalten

Ich gestalte Schriftart, Schriftgröße und Schriftfarbe.
Ich füge Bilder ein, wenn nötig.

4
speichern

Ich speichere meinen Text.

Seite 53
Seite 56
Seite 59

Computer oder Schreibmaschine? Wer schon einmal mit einer Schreibmaschine Texte verfasst hat, weiß, wie lästig es ist, sich zu vertippen. Man kann den Fehler dann übermalen. Aber das sieht meist nicht gut aus. Wie viel mehr Möglichkeiten bietet doch hier ein Computer!
Im Schreibprogramm kann man einen Fehler beliebig oft entfernen. Man kann einen Text aber auch durch das Umstellen von Absätzen oder das Ändern der Ränder anders gestalten. Schriftgröße, Schriftart oder Schriftfarbe können verändert werden. Noch viele weitere Dinge sind mit einem Computer möglich. Und das jederzeit.

① Schreibe den Text mit dem Computer.

② Überprüfe, ob der Text vollständig und richtig geschrieben ist.

③ Gestalte den Text und speichere ihn, wenn du fertig bist.

– SCH überarbeiten eigene Texte mit Rechtschreibhilfen des Computers
– SCH gestalten Texte zweckmäßig, übersichtlich und ansprechend, nutzen Computerprogramme

125

Freie Fahrt für Sprachforscher

Buchstaben
Das Alphabet hat 26 Buchstaben.
A B C D E F G H I J K L M N O P Qu R S T U V W X Y Z

Laute
Es gibt **Konsonanten**.
b c d f g h j k l m n p qu r s t v w x y z

Es gibt **Vokale**.
a e i o u

Es gibt **Umlaute**.
ä ö ü

Es gibt **Zwielaute** (Diphthong).
au ai ei eu äu

Silben
Wörter bestehen aus einer oder mehreren Silben.
In jeder Silbe steht ein Vokal:

die Mar me la de

Endet die erste Silbe mit einem Vokal,
nenne ich diese Silbe eine **offene Silbe**: he ben

Endet die erste Silbe mit einem Konsonanten,
nenne ich diese Silbe eine **geschlossene Silbe**: hel fen

Eine Tabelle lesen
Wenn du etwas über eine Tabelle sagen willst,
verwende die Wörter **Zeile** und **Spalte**.
Sie helfen dir, die Tabelle besser zu beschreiben.

Spalte

Zeile

Uhrzeit	Montag	Dienstag	Mittwoch	Donnerstag	Freitag
8:00 – 8.45	Deutsch	Deutsch	HSU	Mathe	Sport
8.45 – 9.30	Mathe	HSU	Religion	Deutsch	Sport

– SCH verwenden beim Untersuchen, Reflektieren und Anwenden von sprachlichen Strukturen die zutreffenden Begriffe

Wortbausteine

Wörter bestehen aus Wortbausteinen.
In Wörtern, die miteinander verwandt sind,
findet sich der gleiche **Wortstamm** wieder.
malen, der **Mal**er

Am Ende eines Wortes befindet sich der **Endbaustein**.
mal**en**, ich mal**e**

Endbausteine verändern oft die Wortart.
Einige Endbausteine heißen auch **Nachsilben** (-ig, -lich).
schlaf**en**, schläfr**ig**, der Schlaf
süß**en**, süß, die Süßig**keit**

Am Anfang eines Wortes befindet sich der **Anfangsbaustein**.
einkaufen, **ver**kaufen

Die Anfangsbausteine verändern oft den Sinn der Wörter.
Einige Anfangsbausteine heißen auch **Vorsilben** (ver-, vor-).
gesund, **un**gesund,
das Glück, das **Un**glück
laufen, **ver**laufen

Wortfamilie

Wörter, die einen gemeinsamen Wortstamm haben,
gehören zu einer **Wortfamilie**.
Der Wortstamm wird meist gleich geschrieben.
die **Sonn**e, **sonn**en, **sonn**ig
denken, der Ge**danke**, nach**denk**lich
fließen, der **Fluss**, **flüss**ig

Wortfeld

Wörter mit einer ähnlichen Bedeutung gehören zu einem Wortfeld.
Mit ihrer Hilfe kann man oft abwechslungsreicher und genauer schreiben.
sagen: sprechen, flüstern, schreien, rufen, lallen, ...

– SCH verwenden beim Untersuchen, Reflektieren und Anwenden von sprachlichen Strukturen
 die zutreffenden Begriffe

Freie Fahrt für Sprachforscher

Die Satzzeichen

Der Punkt steht am Ende eines Aussagesatzes. .
Ich gehe spazieren.
Die Tür ist geschlossen.

Das Fragezeichen steht am Ende eines Fragesatzes. ?
Wo gehst du hin?
Die Tür ist geschlossen?
Gehst du mit mir spazieren?

Das Ausrufezeichen steht am Ende eines Ausrufes. !
Nirgendwo gehe ich hin!
Die Tür ist geschlossen!

Die Entscheidung für das passende Satzzeichen hängt vom Sinn des Satzes ab.

Die Satzglieder

Sätze bestehen aus einem oder mehreren Satzgliedern.
(Aua!)

(Nach dem Sturz von der Mauer) (blutete) (mein Knie) (heftig.)

Jedes Satzglied lässt sich an die erste Stelle setzen (**Erststellprobe**) und umstellen (**Umstellprobe**).
Die Wörter, die immer zusammenstehen, bilden ein Satzglied.
(Mein Knie) blutete heftig nach dem Sturz von der Mauer.

(Heftig) blutete mein Knie nach dem Sturz von der Mauer.

(Blutete) mein Knie nach dem Sturz von der Mauer heftig?

Manche Satzglieder kann man ersetzen oder weglassen
(**Ersatzprobe** oder **Weglassprobe**).
(Nach dem Sturz von der Mauer) blutete mein Knie (heftig.)

Ersatzprobe: <u>Danach</u> blutete mein Knie heftig.
Weglassprobe: Nach dem Sturz von der Mauer blutete mein Knie ( ).

— SCH verwenden beim Untersuchen, Reflektieren und Anwenden von sprachlichen Strukturen die zutreffenden Begriffe

Das Subjekt
Das Satzglied, das auf die Frage **Wer oder was?** antwortet, heißt **Subjekt**.
Der Wecker klingelt.
Wer oder was klingelt? Der Wecker

Das Prädikat
Das Satzglied, das auf die Frage **Was tut?** antwortet, heißt **Prädikat**.
Der Wecker klingelt.
Was tut der Wecker? Er klingelt.

Die Ortsangabe
Sätze lassen sich mithilfe von Ortsangaben erweitern.
Sie werden dadurch genauer.
Die Frage nach der Ortsangabe kann lauten: **Wo? Woher? Wohin?**
In Mias Zimmer klingelt der Wecker.
Wo klingelt der Wecker? In Mias Zimmer

Die Zeitangabe
Sätze lassen sich mithilfe von Zeitangaben erweitern.
Sie werden dadurch genauer.
Die Frage nach der Zeitangabe kann lauten: **Wann? Wie lange? Wie oft?**
In Mias Zimmer klingelt morgens der Wecker stundenlang.
Wann klingelt der Wecker? Morgens
In Mias Zimmer klingelt morgens der Wecker stundenlang.
Wie lange klingelt der Wecker? Stundenlang

Die wörtliche Rede
Die **wörtliche Rede** kennzeichnet, was jemand denkt oder sagt.
Sie steht zwischen **Anführungszeichen**.
Der **Redebegleitsatz** sagt, wer wie spricht oder denkt.

Redebegleitsatz — wörtliche Rede

Dorian freut sich: „Heute haben wir keine Hausaufgaben auf."

Doppelpunkt   Anführungszeichen unten   Satzzeichen
                                          Anführungszeichen oben

– SCH verwenden beim Untersuchen, Reflektieren und Anwenden von sprachlichen Strukturen die zutreffenden Begriffe

Freie Fahrt für Sprachforscher

Mit der Wörterstraße kannst du feststellen, zu welcher Wortart dein gesuchtes Wort gehört. Ist es ein Nomen? Ist es ein Verb? Ist es ein Adjektiv?

Kann ich **der, die, das** davorsetzen? Kann ich die Mehrzahl bilden?

Sagt mir das Wort, was jemand tut oder was geschieht? Kann ich **ich, du, er/sie/es, wir, ihr, sie** davorsetzen?

Nomen

Nomen haben Artikel.
Es gibt bestimmte Artikel **der, die, das**.
Es gibt unbestimmte Artikel **ein, eine, ein**:
die Katze – eine Katze

Die meisten Nomen können in der Mehrzahl stehen.

Einzahl	Mehrzahl
das Haus	die Häuser
der Zucker	—

Nomen lassen sich ersetzen, z. B. durch die **Personalpronomen** ich, du, er, sie, es, wir, ihr, sie.

Nomen lassen sich zusammensetzen.
Mit zusammengesetzten Nomen lässt sich genauer und oft kürzer beschreiben.

Nomen + Nomen: der Garten + das Haus → das Gartenhaus
Verb + Nomen: wohnen + das Haus → das Wohnhaus
Adjektiv + Nomen: hoch + das Haus → das Hochhaus

Wörterliste

A

der **Aal***, die Aale
ab
der **Abend**, die Abende
das **Aben|teu|er***, die Abenteuer
aben|teu|er|lich*, abenteuerlicher, am abenteuerlichsten
das **Al|pha|bet***
alt, älter, am ältesten
an
ängst|lich*, ängstlicher, am ängstlichsten
der **Ap|fel***, die Äpfel
die **Ap|fel|si|ne***, die Apfelsinen
der **Ap|ril***
är|ger|lich*, ärgerlicher, am ärgerlichsten
der **Arm**, die Arme
der **Arzt**, die Ärzte
der **Ast**, die Äste
der **Au|gust***
die **Aus|ga|be***, die Ausgaben

B

das **Ba|by***, die Babys
die **Ba|cke***, die Backen
ba|cken, sie backt, sie backte, sie hat gebacken
der **Bä|cker**, die Bäcker
die **Bahn***, die Bahnen
der **Bal|ken***, die Balken
das **Band**, die Bänder
die **Bank***, die Bänke
der **Bart***, die Bärte
bau|en*, er baut, er baute, er hat gebaut
der **Baum***, die Bäume
das **Beet***, die Beete
das **Bei|spiel**, die Beispiele

das **Ben|zin***
der **Berg**, die Berge
ber|gig*, bergiger, am bergigsten
be|su|chen*, sie besucht, sie besuchte, sie hat besucht
das **Bett***, die Betten
der **Bi|ber***, die Biber
bie|gen*, sie biegt, sie bog, sie hat gebogen
das **Bild***, die Bilder
bis|sig*, bissiger, am bissigsten
blei|ben, er bleibt, er blieb, er ist geblieben
blind*, blinder, am blindesten
der **Blitz***, die Blitze
der **Block***, die Blöcke
die **Blöd|heit***, die Blödheiten
die **Blu|me***, die Blumen
der **Bo|den**, die Böden
der **Bo|gen***, die Bogen
boh|ren*, sie bohrt, sie bohrte, sie hat gebohrt
das **Boot***, die Boote
bo|xen*, sie boxt, sie boxte, sie hat geboxt
der **Bo|xer***, die Boxer
brau|chen*, er braucht, er brauchte, er hat gebraucht
das **Brett***, die Bretter
der **Brief**, die Briefe
brin|gen*, sie bringt, sie brachte, sie hat gebracht
das **Brot***, die Brote
die **Brü|cke***, die Brücken
sich **bü|cken***, er bückt sich, er bückte sich, er hat sich gebückt
bunt*, bunter, am buntesten
die **Burg***, die Burgen

* Diese Wörter stehen nicht im Grundwortschatz für die Jahrgangsstufen 3 und 4.

C

- der **Cent***, die Cents
- der **Christ**, die Christen
- der **Clown***, die Clowns
- das **Clus|ter***, die Cluster
- der **Com|pu|ter***, die Computer

D

- der **Del|fin***, die Delfine
- **den|ken***, sie denkt, sie dachte, sie hat gedacht
- **des|halb***
- **deut|lich***, deutlicher, am deutlichsten
- der **De|zem|ber***
- der **Dieb***, die Diebe
- das **Ding**, die Dinge
- das **Dorf**, die Dörfer
- **dort**
- **dre|ckig***, dreckiger, am dreckigsten
- die **Dre|hung***, die Drehungen
- **du***
- **dumm**, dümmer, am dümmsten
- **dun|kel***, dunkler, am dunkelsten
- **durs|tig***, durstiger, am durstigsten

E

- **eckig***
- die **Ehr|lich|keit***, die Ehrlichkeiten
- das **Eich|hörn|chen***, die Eichhörnchen
- der **Ele|fant***, die Elefanten
- die **El|tern**
- **end|lich***
- **eng***, enger, am engsten
- die **Ent|fer|nung***, die Entfernungen
- **er***
- die **Er|de**, die Erden
- sich **er|ho|len***, er erholt sich, er erholte sich, er hat sich erholt
- die **Er|ho|lung***, die Erholungen
- **er|lau|ben***, er erlaubt, er erlaubte, er hat erlaubt
- **er|schre|cken**, er erschreckt, er erschreckte, er hat erschreckt
- **er|zäh|len**, sie erzählt, sie erzählte, sie hat erzählt
- **es***
- **es|sen**, er isst, er aß, er hat gegessen
- **et|was**
- die **Eu|le***, die Eulen

F

- der **Fä|cher***, die Fächer
- der **Fa|den***, die Fäden
- **fah|ren**, sie fährt, sie fuhr, sie ist gefahren
- **fal|len**, es fällt, es fiel, es ist gefallen
- die **Fa|mi|lie**, die Familien
- **fan|gen***, sie fängt, sie fing, sie hat gefangen
- der **Fe|bru|ar***
- die **Fe|der***, die Federn
- das **Fe|der|mäpp|chen**, die Federmäppchen
- das **Feld***, die Felder
- das **Fens|ter***, die Fenster
- die **Fe|ri|en***
- der **Fern|se|her***, die Fernseher
- **fer|tig***
- die **Feuch|tig|keit***
- **fin|den***, er findet, er fand, er hat gefunden
- der **Fin|ger**, die Finger
- die **Fla|sche**, die Flaschen

      flei|ßig*, fleißiger, am fleißigsten
      flie|gen*, es fliegt, es flog,
      es ist geflogen
der **Fluss***, die Flüsse
      flüs|sig*
      flüs|tern*, sie flüstert, sie
      flüsterte, sie hat geflüstert
      fra|gen*, er fragt, er fragte,
      er hat gefragt
die **Frau***, die Frauen
die **Frei|heit***, die Freiheiten
      fremd, fremder, am fremdesten
      fres|sen*, es frisst, es fraß,
      es hat gefressen
der **Freund***, die Freunde
      fröh|lich*, fröhlicher,
      am fröhlichsten
die **Fröh|lich|keit***, die Fröhlichkeiten
      frü|her
der **Früh|ling***
der **Fuchs**, die Füchse
      füh|len*, sie fühlt, sie fühlte,
      sie hat gefühlt

      ge|ben, er gibt, er gab,
      er hat gegeben
das **Ge|heim|nis***, die Geheimnisse
      ge|hen, sie geht, sie ging,
      sie ist gegangen
      ge|hö|ren, er gehört, er gehörte,
      er hat gehört
das **Geld**
die **Ge|nau|ig|keit***
      gern
die **Ge|schich|te**, die Geschichten
das **Ge|sicht**, die Gesichter
      ges|tern
die **Ge|sund|heit***
das **Ge|tränk***, die Getränke

      gif|tig*, giftiger, am giftigsten
      glatt*, glatter, am glattsten
      gleich
die **Glo|cke***, die Glocken
das **Glück**
      glück|lich, glücklicher,
      am glücklichsten
      gra|ben*, er gräbt, er grub,
      er hat gegraben
die **Gra|fik***, die Grafiken
die **Gur|ke***, die Gurken
      gut*, besser, am besten

das **Haar**, die Haare
der **Hals**, die Hälse
      hal|ten*, sie hält, sie hielt,
      sie hat gehalten
die **Hand**, die Hände
das **Han|dy**, die Handys
      hart*, härter, am härtesten
der **Ha|se***, die Hasen
      häss|lich*, hässlicher,
      am hässlichsten
der **Haus|meis|ter***, die Hausmeister
das **Heft***, die Hefte
      heiß, heißer, am heißesten
      hei|ter*, heiterer, am heitersten
die **Hei|ter|keit***
die **Hei|zung***, die Heizungen
der **Held***, die Helden
      hel|fen, sie hilft, sie half,
      sie hat geholfen
      hell*, heller, am hellsten
der **Herbst***
      herbst|lich*, herbstlicher,
      am herbstlichsten
      heu|te
die **He|xe***, die Hexen
      hier

	hin
die	**Hit|ze***
der	**Hof***, die Höfe
	hop|peln*, es hoppelt, es hoppelte, es ist gehoppelt
	hö|ren*, sie hört, sie hörte, sie hat gehört
der	**Hun|ger**
	hung|rig*, hungriger, am hungrigsten
die	**Hu|pe***, die Hupen
der	**Hut***, die Hüte

ich*
ihr
die **In\|for\|ma\|ti\|on***, die Informationen

das **Jahr***, die Jahre
der **Ja\|nu\|ar***
der **Ju\|li***
jung*, jünger, am jüngsten
der **Ju\|ni***

K

kalt*, kälter, am kältesten
der **Kamm***, die Kämme
der **Kas\|ten**, die Kästen
die **Kat\|ze***, die Katzen
kau\|fen, er kauft, er kaufte, er hat gekauft
der **Keks***, die Kekse
ken\|nen*, sie kennt, sie kannte, sie hat gekannt
die **Ker\|ze***, die Kerzen
die **Ket\|te***, die Ketten
das **Kind***, die Kinder
die **Klar\|heit***
die **Klas\|se***, die Klassen

der **Klee***
die **Klei\|nig\|keit***, die Kleinigkeiten
klet\|tern*, er klettert, er kletterte, er ist geklettert
der **Kof\|fer***, die Koffer
kom\|men, sie kommt, sie kam, sie ist gekommen
der **Kom\|pass***, die Kompasse
kön\|nen, er kann, er konnte, er hat gekonnt
krab\|beln*, sie krabbelt, sie krabbelte, sie ist gekrabbelt
kräf\|tig*, kräftiger, am kräftigsten
die **Krank\|heit***, die Krankheiten
das **Kro\|ko\|dil***, die Krokodile
kurz*, kürzer, am kürzesten

la\|chen, er lacht, er lachte, er hat gelacht
das **Lamm***, die Lämmer
das **Land**, die Länder
länd\|lich*
lang, länger, am längsten
las\|sen, sie lässt, sie ließ, sie hat gelassen
lau\|fen, er läuft, er lief, er ist gelaufen
laut*, lauter, am lautesten
die **La\|wi\|ne***, die Lawinen
der **Leh\|rer***, die Lehrer
leicht*, leichter, am leichtesten
le\|sen, sie liest, sie las, sie hat gelesen
die **Le\|sung***, die Lesungen
die **Leu\|te***
das **Le\|xi\|kon***, die Lexika
lieb*, lieber, am liebsten
die **Lie\|be***
lie\|ben*, er liebt, er liebte,

er hat geliebt
das **Lied***, die Lieder
lie|gen, sie liegt, sie lag, sie hat gelegen
der **Lift***, die Lifte
links
das **Los***, die Lose
die **Luft***, die Lüfte

M

ma|chen, sie macht, sie machte, sie hat gemacht
das **Mäd|chen***, die Mädchen
der **Mai***
ma|len, er malt, er malte, er hat gemalt
die **Man|da|ri|ne***, die Mandarinen
der **Mann,** die Männer
der **Markt***, die Märkte
der **März***
die **Ma|schi|ne,** die Maschinen
die **Maus***, die Mäuse
die **Me|di|en***
die **Me|di|zin***
das **Meer,** die Meere
der **Mensch,** die Menschen
das **Mikroskop,** die Mikroskope
mit
der **Mi|xer***, die Mixer
das **Moos***, die Moose
mor|gen
die **Mu|schel***, die Muscheln
die **Mu|sik***
müs|sen, er muss, er musste, er hat gemusst
mu|tig*, mutiger, am mutigsten

N

die **Nach|richt***, die Nachrichten
die **Nacht,** die Nächte

die **Na|se,** die Nasen
nass*, nässer, am nässesten
na|tür|lich*, natürlicher, am natürlichsten
das **Nest,** die Nester
das **Netz***, die Netze
neu, neuer, am neuesten
neu|gie|rig*, neugieriger, am neugierigsten
nie
der **No|vem|ber***

O

der **Ok|to|ber***

P

das **Pa|ket***, die Pakete
die **Pal|me***, die Palmen
der **Pfei|ler***, die Pfeiler
das **Pferd***, die Pferde
pfle|gen*, sie pflegt, sie pflegte, sie hat gepflegt
pflü|cken*, sie pflückte, sie hat gepflückt
die **Pfüt|ze,** die Pfützen
der **Pilz***, die Pilze
der **Pin|sel***, die Pinsel
die **Piz|za,** die Pizzen
der **Platz,** die Plätze
die **Pra|li|ne***, die Pralinen

Q

das **Qua|drat***, die Quadrate
qua|ken*, er quakt, er quakte, er hat gequakt

R

das **Rad,** die Räder
ra|ten*, sie rät, sie riet, sie hat geraten

das **Rät|sel***, die Rätsel
das **Re|fe|rat***, die Referate
der **Re|gen***
reg|nen*, es regnet, es regnete, es hat geregnet
das **Reh***, die Rehe
reich, reicher, am reichsten
rei|sen*, er reist, er reiste, er ist gereist
rei|ten, sie reitet, sie ritt, sie ist geritten
ren|nen*, er rennt, er rannte, er ist gerannt
rich|tig*
rie|chen, er riecht, er roch, er hat gerochen
der **Ring***, die Ringe
rol|len*, sie rollt, sie rollte, sie hat gerollt
die **Ro|se***, die Rosen
ros|ten*, es rostet, es rostete, es hat gerostet
ru|fen, sie ruft, sie rief, sie hat gerufen
rund*
die **Run|dung***, die Rundungen

S

der **Saft**, die Säfte
sa|gen, er sagt, er sagte, er hat gesagt
sam|meln*, sie sammelt, sie sammelte, sie hat gesammelt
der **Sand***
das **Satz|glied***, die Satzglieder
die **Sau|ber|keit***
schei|nen, sie scheint, sie schien, sie hat geschienen
schen|ken, er schenkt, er schenkte, er hat geschenkt

schie|ben, sie schiebt, sie schob, sie hat geschoben
das **Schiff***, die Schiffe
schla|fen*, er schläft, er schlief, er hat geschlafen
schlecht*, schlechter, am schlechtesten
schlimm, schlimmer, am schlimmsten
schme|cken*, sie schmeckt, sie schmeckte, sie hat geschmeckt
der **Schnee**
schnell*, schneller, am schnellsten
schön*, schöner, am schönsten
die **Schön|heit***, die Schönheiten
der **Schreck**
schreck|lich, schrecklicher, am schrecklichsten
schrei|ben, er schreibt, er schrieb, er hat geschrieben
die **Schreib|kon|fe|renz***, die Schreibkonferenzen
die **Schrei|bung***, die Schreibungen
schrei|en*, sie schreit, sie schrie, sie hat geschrien
die **Schu|le***, die Schulen
der **Schü|ler***, die Schüler
schüt|zen, sie schützt, sie schützte, sie hat geschützt
schwer*, schwerer, am schwersten
schwie|rig, schwieriger, am schwierigsten
die **Schwie|rig|keit***, die Schwierigkeiten
schwim|men, er schwimmt, er schwamm, er ist geschwommen
sechs
der **See**, die Seen

se|hen, sie sieht, sie sah, sie hat gesehen
sein*, er ist, er war, er ist gewesen
die Se|kre|tä|rin*, die Sekretärinnen
der Sep|tem|ber*
sie*
sin|gen, er singt, er sang, er hat gesungen
der Sitz*, die Sitze
sit|zen, er sitzt, er saß, er hat gesessen
die Skiz|ze, die Skizzen
der Som|mer*
die Son|ne*, die Sonnen
die Spa|ghet|ti*
spin|nen*, sie spinnt, sie spann, sie hat gesponnen
spitz*, spitzer, am spitzesten
spre|chen, sie spricht, sie sprach, sie hat gesprochen
sprin|gen, er springt, er sprang, er ist gesprungen
die Sprit|ze*, die Spritzen
die Stadt, die Städte
der Stamm*, die Stämme
stark*, stärker, am stärksten
ste|hen, sie steht, sie stand, sie hat gestanden
der Stein, die Steine
der Stift*, die Stifte
der Streit*
das Stück, die Stücke
der Sturm*, die Stürme
stür|misch*, stürmischer, am stürmischsten
su|chen*, sie sucht, sie suchte, sie hat gesucht
süß*, süßer, am süßesten
die Sü|ßig|keit*, die Süßigkeiten

T
der Tag*, die Tage
tan|ken, sie tankt, sie tankte, sie hat getankt
die Tan|te*, die Tanten
die Ta|sche, die Taschen
tas|ten*, er tastet, er tastete, er hat getastet
tat|säch|lich*
das Ta|xi, die Taxis
die Tech|nik*, die Techniken
der Ted|dy*, die Teddys
der Ter|min*, die Termine
der Text, die Texte
das The|a|ter*, die Theater
das Ther|mo|me|ter*, die Thermometer
tief, tiefer, am tiefsten
die Tie|fe, die Tiefen
das Tier, die Tiere
der Ti|ger, die Tiger
to|ben*, er tobt, er tobte, er hat getobt
die Tor|te*, die Torten
tot*
tra|gen, sie trägt, sie trug, sie hat getragen
träl|lern*, er trällert, er trällerte, er hat geträllert
trau|rig*, trauriger, am traurigsten
trin|ken, sie trinkt, sie trank, sie hat getrunken
die Tro|cken|heit*
tun*, er tut, er tat, er hat getan
die Tür*, die Türen

U
die Un|ter|hal|tung*, die Unterhaltungen

un|ter|schied|lich*, unterschiedlicher, am unterschiedlichsten
der Ur|laub*, die Urlaube

der Va|ter*, die Väter
ver|än|dern*, er verändert, er veränderte, er hat verändert
die Ver|bren|nung*, die Verbrennungen
ver|ges|sen, sie vergisst, sie vergaß, sie hat vergessen
der Ver|käu|fer, die Verkäufer
sich ver|let|zen*, er verletzt sich, er verletzte sich, er hat sich verletzt
ver|spre|chen*, er verspricht, er versprach, er hat versprochen
sich ver|ste|cken, sie versteckt sich, sie versteckte sich, sie hat sich versteckt
der Ver|such*, die Versuche
viel*, mehr, am meisten
viel|leicht
das Vi|ta|min*, die Vitamine
voll, voller, am vollsten
vor

wach|sen*, er wächst, er wuchs, er ist gewachsen
der Wa|gen, die Wagen
wahr
der Wald, die Wälder
die Wan|de|rung*, die Wanderungen
die Wan|ge*, die Wangen
warm*, wärmer, am wärmsten
der We|cker*, die Wecker
der Weg*, die Wege
wei|nen, er weint, er weinte, er hat geweint

we|nig*, weniger, am wenigsten
wer|den, sie wird, sie wurde, sie ist geworden
wich|tig*, wichtiger, am wichtigsten
wie|der
wild*, wilder, am wildesten
der Wind*, die Winde
der Win|ter*
wis|sen*, er weiß, er wusste, er hat gewusst
der Witz*, die Witze
wit|zig*, witziger, am witzigsten
die Wol|ke, die Wolken
sich wün|schen*, er wünscht sich, er wünschte sich, er hat sich gewünscht
die Wurst, die Würste
die Wur|zel*, die Wurzeln

das Xy|lo|fon*, die Xylofone

die Zahl*, die Zahlen
zah|len*, sie zahlt, sie zahlte, sie hat gezahlt
zei|gen*, er zeigt, er zeigte, er hat gezeigt
die Zeit*, die Zeiten
die Zei|tung, die Zeitungen
zie|hen, sie zieht, sie zog, sie hat gezogen
das Zim|mer, die Zimmer
zu
der Zug*, die Züge
zu|sam|men
zwei

Wo lerne ich was?

Seite	Sprache untersuchen / Richtig schreiben
8*	Das **Alphabet** üben
24, 28, 106	**Adjektive** erkennen
25, 87, 89, 98	**Adjektive** mit **-ig** und **-lich** schreiben
98	**Adjektive** mit dem Anfangsbaustein **un-** schreiben
75, 78	**Adjektive** steigern
57, 59	**Fremdwörter** schreiben
6, 94, 106, 107	**Nomen** erkennen
86, 87, 88, 89	**Nomen** mit **-ung**, **-heit** und **-keit** schreiben
46,	Zusammengesetzte **Nomen** bilden
15, 18	**Pronomen** erkennen
14	**Satzarten** erkennen
44, 45, 48, 84, 88, 103, 106, 128/129	**Satzglieder** erkennen und bestimmen
54, 58	– Das **Subjekt** als Satzglied erkennen
65, 68	– Das **Prädikat** als Satzglied erkennen
103	– **Orts-** und **Zeitangaben** erkennen
63, 97, 105	**Sprachen** und Dialekte vergleichen
7, 94, 106	**Verben** erkennen
85	**Verben** mit verschiedenen **Anfangsbausteinen** schreiben
9, 17, 18, 95, 107	**Vokallänge** und **Silben** hören und nutzen
16, 19, 55, 58, 127	**Wortfamilien** erkennen und bilden
93	**Wortfelder** nutzen
34, 35, 38	**Wörtliche Rede** erkennen und verwenden
37, 38, 47, 49	**Wörter** in **Schreibsilben** gliedern
99, 107	**Wörter** mit **Ä/ä** und **Äu/äu** ableiten
47, 49	**Wörter** mit **ck** und **tz** schreiben
26, 29	**Wörter** mit **Doppelkonsonanten** schreiben
76, 79	**Wörter** mit **Doppelvokalen** schreiben
77, 79	**Wörter** mit **i** und **ine** schreiben
66, 68	**Wörter** mit **ie** schreiben
9, 27, 28, 107	**Wörter** verlängern
67	**Wörter** mit **X/x**, **chs** und **ks** schreiben
69, 74, 78, 106	**Zeitformen** erkennen und anwenden
36, 39	– Die **erste Vergangenheit** erkennen
64, 69	– Die **zweite Vergangenheit** erkennen

* Auf den blauen Seiten lernst du den neuen Lerninhalt kennen.

Seite	Schreiben
	Texte planen und schreiben
11, 82, 118	Ein **Cluster** erstellen
22, 23, 42, 119	**Informationen** sammeln für eigene Texte
22, 41, 91, 120	**Stichpunkte** zu einem Text schreiben
5, 11, 62, 102, 121	Zu **Bildern und Texten** schreiben
52	Eine **E-Mail** schreiben
32	Einen **Erzählfaden** schreiben
81, 82	Zu einer **Figur** schreiben
31	Eine **Grafik** lesen und erstellen
43	Eine **Lernkartei** schreiben
50, 51	**Mitteilungen** schreiben
21, 23	Ein **Plakat** erstellen
104	Ein **Rezept** schreiben
92	Eine **Spielanleitung** schreiben
71, 72	Eine **Versuchsbeschreibung** schreiben
13, 62	Eine **Worterklärung** schreiben
	Texte überarbeiten
53, 63	Texte mit einem Partner **überarbeiten**
12, 43, 73, 124	Mit der Methode **Über den Rand schreiben** überarbeiten
33, 83, 123	Texte in der **Schreibkonferenz** überarbeiten
23, 42, 61, 73	**Texte** in der Klasse **ausstellen**
92, 102	Ein **Buch** anlegen

Seite	Sprechen und Zuhören
50, 61, 80, 122	Den eigenen Standpunkt **begründen**
20/21, 41, 60, 70, 80, 96, 109	Andere und sich selbst über ein Thema **informieren**
4, 10, 30, 40, 90, 97, 108	**Miteinander** sprechen und lernen
10, 23, 30, 63, 91, 96, 111	Eigene und gemeinsame Ergebnisse **präsentieren**
41, 70, 80, 110	Ein **Referat** halten
30, 34, 63, 100, 101, 102	Texte, Gedichte, Lieder **vortragen**

Kompetenzübersicht nach Lehrplan

Kapitel	Sprechen und Zuhören	Schreiben
	Die Schülerinnen und Schüler (SCH) …	
Guter Start in Klasse 3 Seite 4–9	wenden ihre Aufmerksamkeit auf das Gesagte **4**; bauen Beiträge wirkungsvoll und logisch auf **4**	bauen ihre eigenen erzählenden Texte sinnvoll auf und stellen ein erzählenswertes Ereignis ins Zentrum **5**
In der Schule Seite 10–19	gestalten kommunikative Standardsituationen **10**; halten sich an Gesprächsregeln **10**	nutzen Methoden zur Sammlung von Wortmaterial und Schreibideen (Cluster) **11**; bauen eigene erzählende Texte sinnvoll auf, stellen ein erzählenswertes Ereignis ins Zentrum **12**; geben Anregungen und Hilfestellungen für Texte, heben gelungene Elemente hervor **12**; verfassen eigene informierende, beschreibende Texte **13**
Lebensraum Wald Seite 20–29	entnehmen Beiträgen in fachspezifischer Bildungssprache die wesentlichen Informationen **20**; achten auf eine wertschätzende Gesprächsatmosphäre **20**; beschreiben einzelne Schritte beim Lernen und Problemlösen **20**	ziehen typische Elemente aus informierenden Texten heran **21**; verfassen eigene informierende, beschreibende Texte **21**; nutzen Schreiben zum Erschließen von Texten **22**; achten auf eine logische Anordnung der Informationen **22**; passen ihre Schrift dem jeweiligen Zweck an **23**; gestalten Texte zweckmäßig und übersichtlich **23**; beschreiben Lernerfahrungen und Lernfortschritte **23**
Märchen Seite 30–39	bekunden ihr Verstehen, fassen Gehörtes zusammen, geben Kerngedanken wieder **30**; achten beim Sprechen auf Lautstärke, Tempo und Satzmelodie **30**; versetzen sich in eine Rolle, unterscheiden zwischen sich selbst als Person und dem Figuren-Ich **30**	gestalten Texte zweckmäßig und übersichtlich (Grafiken) **31**; erstellen Sammlungen für eigene Texte **32**; verfassen eigene Texte, achten dabei auf eine logische Anordnung der Informationen **32**; geben Anregungen und Hilfestellungen für Texte **33**; nehmen Anregungen für die Überarbeitung auf, setzen sich ein konkretes Überarbeitungsziel **33**
Von Kopf bis Fuß Seite 40–49	beteiligen sich an Gesprächen **40**; halten sich an Gesprächsregeln **40**; bereiten sich je nach Sprechabsicht gezielt vor (Notizen, Vortrag üben) **41**; strukturieren ihren Vortrag durch sinnvolle Pausen **41**	nutzen vor dem Schreiben Methoden zur Sammlung und Ordnung von Wortmaterial und Schreibideen **42**; verfassen eigene informierende, beschreibende Texte und achten auf die Vollständigkeit **43**; geben konkrete Anregungen für Texte, indem sie Stärken und gelungene Elemente hervorheben **43**
Leben mit Medien Seite 50–59	beteiligen sich an Gesprächen **50**; benennen Gründe für ihr Nicht-Verstehen **50**	verfassen eigene informierende, beschreibende Texte (Mitteilungen) **51**; ziehen typische Elemente aus informierenden Texten heran (E-Mail) **52**; verfassen informierende, beschreibende Texte **52**; gestalten Texte mithilfe des Computers **53**
Wo wir wohnen Seite 60–69	wenden ihre Aufmerksamkeit auf das Gesagte **60**; beteiligen sich an Gesprächen **60**; erbitten und geben wertschätzende Rückmeldung zu Redebeiträgen **60**; setzen Sprechabsichten in der persönlichen Sprachvarietät um (z. B. Dialekt) **63**	sammeln und ordnen Gründe und Beispiele zu einer Position **61**; nutzen für das Schreiben argumentierender Texte entsprechende Textvorbilder **61**; erstellen Sammlungen für eigene Texte **62**; geben konkrete Anregungen für Texte, heben gelungene Elemente hervor **63**; nehmen Anregungen für die Überarbeitung auf **63**
Technik um uns herum Seite 70–79	beteiligen sich an Gesprächen **70**; benennen Gründe für ihr Nicht-Verstehen **70**; bauen Beiträge wirkungsvoll, nachvollziehbar und logisch auf **70**	verfassen eigene informierende, beschreibende Texte **71**, **72**; achten auf eine reihende Darstellung (Arbeitsschritte Versuchsbeschreibung) **71**, **72**; geben Anregungen und Hilfestellungen für Texte **73**
Lesen, lesen, lesen Seite 80–89	bereiten sich je nach Sprechabsicht gezielt vor **80**; setzen ihre Sprechabsichten in der Standardsprache um **80**; erbitten und geben wertschätzende Rückmeldung zu Redebeiträgen **80**	nutzen Schreiben zum Erschließen von Texten **81**; ziehen typische Elemente aus erzählenden Texten heran **81**; gestalten erzählende Texte lebendig **82**; bauen eigene Texte sinnvoll auf **82**; nehmen zentrale Anregungen für die Überarbeitung auf, setzen sich ein konkretes Überarbeitungsziel **83**
Durch das Jahr Seite 90–105	wenden ihre Aufmerksamkeit auf das Gesagte **90**; beteiligen sich an Gesprächen **96**; setzen Sprechabsichten mit angemessenem Wortschatz um **96**; benennen Gründe für ihr Nicht-Verstehen **97**; beschreiben, wie die stimmliche Gestaltung das Verstehen unterstützt **100**; bereiten sich je nach Sprechabsicht gezielt vor **100**; beobachten andere im szenischen Spiel **101**	nutzen Methoden zur Sammlung und Ordnung von Informationen **91**; verfassen eigene informierende, beschreibende Texte **92**; ziehen, auch im Austausch mit anderen, typische Elemente aus erzählenden Texten heran (Textbausteine Gedicht) **102**; verfassen informierende, beschreibende Texte **104**
Fit für Klasse 4 Seite 106–107		
Aha: So geht es leichter Seite 108–125	halten sich an Gesprächsregeln **108**; setzen Sprechabsichten mit angemessenem Wortschatz um **109**; bauen ihre Beiträge wirkungsvoll und logisch auf **109**; achten beim Sprechen auf Lautstärke, Tempo, Satzmelodie **110**; strukturieren ihren Vortrag durch sinnvolle Pausen **110**; bewerten eigene Lernergebnisse mit denen anderer, ziehen Schlüsse für das eigene Lernen **111**; führen Lerngespräche, beschreiben eigene Lernstrategien **112**	nutzen vor dem Schreiben Methoden zur Sammlung und Ordnung von Wortmaterial und Schreibideen **118**; verfassen informierende, beschreibende Texte, achten dabei auf eine reihende Darstellung sowie auf eine logische Anordnung der Informationen **119**, **120**; bauen eigene erzählende Texte sinnvoll auf **121**; gestalten erzählende Texte lebendig durch den Einsatz passender sprachlicher Mittel **121**; sammeln Gründe und Beispiel zu einer Position, ordnen sie nach einer logischen Reihenfolge **122**; geben Hilfestellungen für Texte, heben dabei gelungene Elemente hervor **123**; beschreiben Lernerfahrungen und Lernfortschritte **123**; zeigen beim Schreiben eigner Texte Rechtschreibbewusstsein **124**; gestalten Texte zweckmäßig und übersichtlich am Computer **125**

Sprachgebrauch und Sprache untersuchen und reflektieren / Richtig schreiben

wenden Strategien zum Erkennen von Nomen an **6**; wenden Strategien zum Erkennen von Verben an **7**;
ordnen Wörter nach dem Alphabet **8**; schreiben gängige Schreibungen routiniert richtig **9**

beschreiben und bewerten Ursachen und Wirkungen von gelingender Verständigung **10**; nutzen die Funktion unterschiedlicher Satzarten, beschreiben deren Wirkungen und setzen Satzzeichen **14, 19**; bestimmen die Merkmale von Pronomen **15, 18**; übertragen die Schreibweise von Wortstämmen auf verwandte Wörter **16, 19**; nutzen Silben und Klangunterschiede der Vokale, um sich Schreibungen zu erschließen (offene und geschlossene Silben, Vokallänge) **17, 18**; bestimmen den Vokal als Silbenkern und verschriften die unbetonte Endsilbe vollständig **17, 18**; üben Rechtschreibung anhand des Grundwortschatzes für die Klassenstufen 3 und 4 **19**; schreiben routiniert, zügig und fehlerlos von einer Vorlage ab **19**

wenden Strategien zum Erkennen von Adjektiven an **24, 25, 28**; erweitern den Nominalkern, um die Großschreibung des Nomens zu erkennen **24**; nutzen Wortbausteine, um die Wortart zu bestimmen (Adjektive mit -ig und -lich) **25, 29**; nutzen Silben und Klangunterschiede der Vokale, um sich Schreibungen zu erschließen **26, 29**; verbinden ein- und zweisilbige Wortformen, um die Schreibung von Konsonantenverdopplung und Verhärtung abzuleiten **26, 27, 28**; machen Endlaute durch Verlängern hörbar **27**; schreiben die kombinatorische Verhärtung richtig **27**; üben Rechtschreibung anhand des Grundwortschatzes für die Klassenstufen 3 und 4 **29**; schreiben routiniert, zügig und fehlerlos von einer Vorlage ab **29**

markieren wörtliche Rede innerhalb von Sätzen durch Anführungszeichen und schließen den Redebegleitsatz vor der wörtlichen Rede mit richtigen Satzzeichen ab **34, 35, 38**; verwenden Verben in den verschiedenen Zeitformen in angemessener Weise (Präteritum) **36, 39**; trennen Wörter nach Schreibsilben am Zeilenende **37, 38**; üben Rechtschreibung anhand des Grundwortschatzes für die Klassenstufen 3 und 4 **39**; schreiben routiniert, zügig und fehlerlos von einer Vorlage ab **39**

verändern Sätze durch Umstellen, Ersetzen, Weglassen, Erweitern und Verkürzen von Satzgliedern, um ihr Sprachbewusstsein und ihre Ausdrucksfähigkeit beim Sprechen und Schreiben zu erweitern **44, 45, 48**; verwenden Zusammensetzungen als Mittel der Wortbildung **46**; kombinieren Erkenntnisse zu Wortstämmen mit grammatischen Überlegungen zur Wortart **46, 49**; schreiben Wortzusammensetzungen mit Fugenelement richtig **46**; verbinden ein- und zweisilbige Wortformen, um die Schreibung von Konsonantenverdopplung abzuleiten (Wörter mit ck und tz) **47, 49**; übertragen die Schreibweise von Wortstämmen auf verwandte Wörter **49**; üben Rechtschreibung anhand des Grundwortschatzes **49**

beschreiben und vergleichen Aspekte konzeptioneller Mündlichkeit und Schriftlichkeit **50**; überarbeiten eigene Texte mit Rechtschreibhilfen des Computers **53**; bestimmen das Subjekt **54, 58**; bilden Wortfamilien und beschreiben Auffälligkeiten **55, 58**; überarbeiten Texte mit Rechtschreibhilfen des Computers **56, 59**; schreiben häufig gebrauchte Wörter mit nicht-regelhaften Rechtschreibbesonderheiten richtig (Fremdwörter) **57, 59**; üben Rechtschreibung anhand des Grundwortschatzes für die Klassenstufen 3 und 4 **59**

verwenden Verben in den verschiedenen Zeitformen in angemessener Weise (Perfekt) **64**; beschreiben die Abhängigkeit der Satzglieder vom Prädikat **65, 68**; verbinden ein- und zweisilbige Wortformen, um die Schreibung ie/i abzuleiten **66, 68**; nutzen Silben und Klangunterschiede, um sich >ie< als regelhafte Schreibung zu erschließen **66**; schreiben Wörter mit nicht-regelhaften Rechtschreibbesonderheiten richtig (Wörter mit X/x, chs, ks) **67, 69**; üben Flexionsformen und Präteritumsformen von Verben **69**; üben Rechtschreibung anhand des Grundwortschatzes für die Klassenstufen 3 und 4 **69**; schreiben routiniert, zügig und fehlerlos von einer Vorlage ab **69**

üben Flexionsformen und Präteritumsformen von Verben **74, 78**; verwenden Verben in verschiedenen Zeitformen **74, 78**; wenden Strategien zum Erkennen von Adjektiven an (Adjektive steigern) **75, 78**; schreiben Wörter mit nicht-regelhaften Rechtschreibbesonderheiten richtig (Wörter mit i, Wörter mit Doppelvokal) **76, 77, 79**; üben Rechtschreibung anhand des Grundwortschatzes **79**; schreiben routiniert und fehlerlos von einer Vorlage ab **79**

beschreiben die Abhängigkeit der Satzglieder vom Prädikat und bestimmen das Subjekt **84, 88**; verändern Sätze durch Umstellen, Ersetzen, Weglassen, Erweitern und Verkürzen von Satzgliedern, um ihr Sprachbewusstsein und ihre Ausdrucksfähigkeit beim Sprechen und Schreiben zu erweitern **84**; bilden unter Verwendung verschiedener Wortbausteine zusammengesetzte Wörter **85**; ändern Wortbedeutung und Wortart bewusst und beschreiben die Gesetzmäßigkeiten **86, 87, 88, 89**; nutzen Wortbausteine, um die Wortart zu bestimmen **86, 87, 89**; üben Rechtschreibung anhand des Grundwortschatzes für die Klassenstufen 3 und 4 **89**; schreiben routiniert, zügig und fehlerlos von einer Vorlage ab **89**

wählen beim Schreiben und Sprechen je nach Kontext passende Wörter aus Wortfeldern **93**; bestimmen die Merkmale von Wortarten **94**; bauen die Verschriftung lautgetreuer Wörter aus **95**; beachten die Verschiedenheit von Schreibung und Aussprache bei Buchstabengruppen **95**; untersuchen, welche sprachlichen Mittel genutzt werden, um bestimmte Wirkungen zu erreichen **97**; beschreiben Gemeinsamkeiten und Unterschiede von Sprachen im eigenen Umfeld (Dialekt) **97, 105**; bilden unter Verwendung verschiedener Wortbausteine zusammengesetzte Wörter (Adjektive mit un- sowie -ig und -lich) **98**; verbinden ein- und zweisilbige Wortformen, um die Schreibung von Umlautung abzuleiten (Wörter mit Ä/ä und Äu/äu) **99**; beschreiben die Abhängigkeit der Satzglieder vom Prädikat und bestimmen das Subjekt sowie Orts- und Zeitangaben **103**

bestimmen die Merkmale von Wortarten **106**; beschreiben die Abhängigkeit der Satzglieder vom Prädikat und bestimmen weitere Satzglieder **106**; üben Flexionsformen und Präteritumsformen von Verben **106**; schreiben gängige Schreibungen routiniert richtig **107**

schreiben routiniert, zügig und fehlerlos von einer Vorlage ab **113**;
trainieren Rechtschreibung entsprechend eigener Lernbedürfnisse mit einem kontinuierlich erweiterten Übungswortschatz **114, 115, 116**;
üben Rechtschreibung anhand des Grundwortschatzes für die Klassenstufen 3 und 4 **114, 115, 116**;
überarbeiten eigene Texte mithilfe eines Wörterbuches, ggf. mit Rechtschreibhilfen des Computers **117**;
zeigen Rechtschreibbewusstsein bei eigenen Aufzeichnungen, indem sie selbstständig auf Richtigschreibung achten und sich korrigieren **117**

SPRACHSTEINE Sprachbuch 3

Erarbeitet von
Cordula Atzhorn (Bamberg), Sabine Graser (Krummennaab),
Franziska Mroß (Peißenberg)

Illustriert von
Birgit Boley, Gabie Hilgert, Katja Hillscher, Falko Honnen, Naeko Ishida, Christine Kleicke, Karen Krings, Anke Rauschenbach und Susanne Wechdorn sowie Franziska Kalch (Anlautbilder) und Evelyn Scherber (Kapitelvignetten)

Abbildungsnachweis
Iakg-images GmbH, Berlin: 120.1; Universal Images Group / Universal History Archive 70.6. IAndrews McMeel Publishing, Kansas City: Peanuts Worldwide LLC 121.1. IArena Verlag GmbH, Würzburg: Jacob und Wilhelm Grimm/Die schönsten Märchen der Brüder Grimm Coverillustration von: Silvio Neuendorf, © 2012 Arena Verlag GmbH, Würzburg 30.2. IAtzhorn, Cordula: 31.1, 32.1, 32.2, 32.3, 32.4, 32.5, 32.6, 32.7, 32.8, 32.9, 32.10, 32.11, 32.12, 32.13, 32.14, 32.15, 32.16. IBaumann-Strobel, Brigitta: 60.2. IBaus, Lars, Münster: 30.6. IBeltz & Gelberg in der Verlagsgruppe Beltz, Weinheim: Philip Waechter: Der fliegende Jakob 81.3. ICarlsen Verlag GmbH, München: Andreas Steinhöfel: Rico, Oskar und die Tieferschatten 13.1, 13.2. IDer Audio Verlag GmbH, Berlin: Jacob und Wilhelm Grimm: Rapunzel und weitere Märchen. Hörspiel mit Eduard Marks, Hans Irle 30.4. IDisney Publishing Worldwide, München: Figur „Schneewittchen" © Disney 30.1. IDoctor Döblingers geschmackvolles Kasperltheater, Aiterhofen: Richard Oehmann und Josef Parzefall: Kasperl und das Kugeleis 118.1. Idreamstime.com, Brentwood: Sergey Zavalnyuk 120.2. IEulig, Stefanie, Hövelhof: 11.1, 71.1, 71.2, 71.3. IFilser, Wolfgang, Hiltenfingen: 118.2. Ifotolia.com, New York: Bianka Hagge 60.3; Jan Jansen 70.7; Otto Durst 60.1; Robert Kneschke 11.2. IFrischmuth, Peter /argus, Jork: 78.3. IGolden Section Graphics GmbH, Berlin: 31.2, 31.3, 31.4, 31.5. IHübscher, Heinrich, Lüneburg: 70.3. IInterfoto, München: Friedrich Caption 43.1. IiStockphoto.com, Calgary: m2nemes 70.1. ILookphotos, München: Andreas Strauss 60.4. IMoritz Verlag GmbH, Frankfurt/Main: Ulf Nilsson, Eva Eriksson: Als Oma seltsam wurde 81.1. INASA Media Archive: 70.5. IOKAPIA KG - Michael Grzimek & Co., Frankfurt/M.: © Gerard Lacz 21.1. IPantherMedia GmbH (panthermedia.net), München: Heim, Ramona 72.1; Herbert Reimann 21.4; MikeSchw 60.5; Tini 78.1. IPicture-Alliance GmbH, Frankfurt/M.: JOKER/Erich Häfele 78.2; Report 120.3. IPremium Stock Photography GmbH, Düsseldorf: 21.3. IRixe, Dieter, Braunschweig: 70.4. IShutterstock.com, New York: grafalex 60.6; Monkey Business Images 11.3. ISony Music Entertainment Germany GmbH, München: Jörg Hilbert: „Ritter Rost: Jäger des verlorenen Geschirrs" 81.2. Istock.adobe.com, Dublin: corund 72.2; nerthuz/kaptn 30.5. Iullstein bild, Berlin: 70.2; Imagebroker.net/Luhr, Anton 21.2. IVerlag Rogner & Bernhard, Berlin: Holzschnitt „Aschenputtel" aus: Ludwig Richter Album „Sämtliche Holzschnitte 2", Haffmans & Tolkemitt GmbH, Rogner & Bernhard GmbH & Co. Verlags KG, Berlin 1985 30.3. IZoonar.com, Hamburg: 60.7.

Quellennachweis
Rico, Oskar und die Tieferschatten von Andreas Steinhöfel, Carlsen Verlag GmbH, Hamburg 2013: S. 13. Rico, Oskar und das Herzgebreche von Andreas Steinhöfel, Carlsen Verlag GmbH, Hamburg 2013: S. 13. Bayerischer Waldbesitzer Verband e.V., Baumartenverteilung in Bayern http://bayer-waldbesitzerverband.de/waldstat.html (letzter Abruf: 13.08.2014): S. 22. Die ZEIT: Nicht essen! Thema: Giftpilze http://images.zeit.de/wissen/2013-10/s37-infografik-giftpilze.pdf (letzter Abruf: 13.08.2014): S. 23. Heimatkundliche Stoffsammlung, Landkreise Weilheim in Oberbayern, Verlag KLLV-Weilheim 1970: S. 64. Ritter Rost Hörspiel: Jäger des verlorenen Geschirrs, Jörg Hilbert, 2010: S. 81. Als Oma seltsam wurde von Ulf Nilsson und Eva Eriksson, Moritz Verlag 2008: S. 81. Wunderwelt, 2. Schuljahr, Düsseldorf: Schwann Verlag 1968: S. 100. Das goldene Buch der Tiere im Wald und auf der Wiese von Friedl Hofbauer, deutscher Bücherbund, Stuttgart 1974: S. 101. Christine Nöstlinger. Der Frühling kommt, Hannover Schroedel Verlag 1972: S. 102.

westermann GRUPPE

© 2015 Bildungshaus Schulbuchverlage Westermann Schroedel Diesterweg Schöningh Winklers GmbH,
Georg-Westermann-Allee 66, 38104 Braunschweig
www.westermann.de

Das Werk und seine Teile sind urheberrechtlich geschützt. Jede Nutzung in anderen als den gesetzlich zugelassenen bzw. vertraglich zugestandenen Fällen bedarf der vorherigen schriftlichen Einwilligung des Verlages. Nähere Informationen zur vertraglich gestatteten Anzahl von Kopien finden Sie auf www.schulbuchkopie.de.

Druck A^5 / Jahr 2022
Alle Drucke der Serie A sind inhaltlich unverändert.

Redaktion: Jeanette Wilke
Umschlaggestaltung: Druckreif! Annette Henko, Braunschweig
Coverillustration: Antje Bohnstedt, Bretten
Layout: Annette Forsch, Berlin, Silke Schwarz, Köln und Druckreif! Annette Henko, Braunschweig
Satz und technische Umsetzung: tiff.any GmbH, Berlin
Druck und Bindung: Westermann Druck GmbH, Georg-Westermann-Allee 66, 38104 Braunschweig

ISBN 978-3-425-12703-3